你也许不能成为更好的自己，
但可以更好地成为自己。

——欧文·D.亚隆

Creatures of a Day
And Other Tales of Psychotherapy

一 日 浮 生

［美］欧文·D. 亚隆（Irvin D. Yalom）———— 著

周明 ———— 译

机械工业出版社
CHINA MACHINE PRESS

北京市版权局著作权合同登记　图字：01-2023-3915 号。

图书在版编目（CIP）数据

一日浮生 /（美）欧文·D. 亚隆（Irvin D. Yalom）著；周明译 . -- 北京：机械工业出版社，2024.5（2025.5 重印）

书名原文：Creatures of a Day: And Other Tales of Psychotherapy

ISBN 978-7-111-75723-8

Ⅰ. ①一… Ⅱ. ①欧… ②周… Ⅲ. ①心理学 Ⅳ. ① B84

中国国家版本馆 CIP 数据核字（2024）第 087906 号

机械工业出版社（北京市百万庄大街 22 号　邮政编码 100037）
策划编辑：欧阳智　　　　　　　　责任编辑：欧阳智
责任校对：王荣庆　丁梦卓　闫　炎　责任印制：张　博
北京联兴盛业印刷股份有限公司印刷
2025 年 5 月第 1 版第 5 次印刷
147mm×210mm · 7.5 印张 · 1 插页 · 142 千字
标准书号：ISBN 978-7-111-75723-8
定价：72.00 元

电话服务　　　　　　　　　　　网络服务

客服电话：010-88361066　　　机 工 官 网：www.cmpbook.com
　　　　　010-88379833　　　机 工 官 博：weibo.com/cmp1952
　　　　　010-68326294　　　金 书 网：www.golden-book.com
封底无防伪标均为盗版　　　机工教育服务网：www.cmpedu.com

致玛丽莲

六十年的妻子，意犹未尽

专家导读与赞誉

十个短篇，几乎都在描绘老年期的爱恨情仇，文字优美，结构清晰，充分展示了如何与老人开展心理咨询，是疗愈咨询师衰老焦虑——既恐惧老年个案又害怕自己变老——的一剂良药。当一个人步入老年时，在我看来，理想的状态是：惩忿窒欲，损益盈虚，安居而无所往，不求为受益之主，不居于受益之地，自损以益人，而以为自益也，心满意足于自己成为"老废物"，拥抱残缺和死亡。

——李孟潮，心理学博士

精神科医师，个人执业

见证，共鸣，深情……一个反本质主义的大师，以一种绝美的笔触直白地勾勒着疗愈最本质的部分。所有这些似乎都在讲述一个关于时间的故事。亚隆擅长叙事，这不奇怪。可从本书看来，他不仅擅长叙事，而且擅长叙事治疗。叙事，或者整个后现代治疗的存在主义底色，从本书中一览无余。

白驹过隙，一日浮生。这绝对是一本杰作：每一个故事都引人入胜，都蕴藏着无尽的生命智慧；每一个故事都像是点滴生命的沉淀，汇入人生故事的海洋；每一个故事都会让读者所付出的时间变得厚重和值得。

哦，不只是阅读的时间，还包括之后的每一天……

—— 李明

北京林业大学人文社会科学学院心理学系副教授

著名叙事疗法治疗师

这些故事发生在心理咨询室，又不是那么"标准"的心理咨询故事。作为举世公认的大师，存在主义心理治疗的奠基者欧文·D. 亚隆，在从业超过五十年之后，已经超越了心理咨询的技术范畴，将其上升到哲学和艺术的层次：没有固定的方法，没有确定的诊断与疗程，没有助人者与求助者的明确分野；只有一个咨询师敞开自己的生命经验，在一个小时内与另一个生命的短暂相遇。真正的问题只有一个，就是人的"存在"，所有人在死亡面前都同样渺小和无知，不得不紧密联系与相互纠缠，为自身的存在寻求某种意义作为支撑。咨询师无法提供答案，但如果足够诚实、足够谦卑，足够有耐心地陪着来访者，他们或许会在某个时间获得某种存在性的慰藉。这就是欧文·D. 亚隆在他八十多岁高龄时带给我们的故事，既是他的咨询体悟，也是他的生命经验，是问题，也是答案，是困惑，也是启发，是偶然，也是命中注定。说到底，所有故事都是一个故事，关于人如何在有限的生命中，彼此看见与被看见，记得与被记得，创造出某种接近永恒的体验。

——李松蔚

心理咨询师

当欧文·D. 亚隆对自己试图简化、编纂、生成"如何以某种预先设计的方式来治疗病人"的手册感到绝望时，他启用了让病人阅读哲学著作然后在治疗过程中充分交流的方法激荡彼此心灵的世界。这种不同寻常的方法，仿佛让双方共同潜入了伟大灵魂的智慧之海，以各自不同的方式找到了益处，这是亚隆本人没有预料到的，也是亚隆著作的魅力所在。2017年12月我在美国阿纳海姆目睹、聆听八十六岁的欧文·D. 亚隆站着朗读他自己刚刚完成的著作《斯宾诺莎问题》两个小时，全场八千观众沉浸在两位哲学家穿越时空的心灵对话中，并被深深震撼。《一日浮生》中亚隆撰写的心理咨询室里发生的故事，不仅仅是对某个人的治疗素描，更是一代存在主义大师的哲学思考的直观呈现，令读者在学习其心理治疗技术的同时，有机会以崭新的视角理解生命中的痛苦、困惑和希望。

——刘丹，博士

亚洲家庭治疗学院（AAFT）院士

德中心理治疗研究院（DCAP）副主席

4S系统实践公益基金项目发起人

读《一日浮生》，就好比现场观摩亚隆先生的咨询：真实、当下，特别是看到他的挫败、努力和释然，来访者意料之外的豁然改变。自此，咨询中的我犹如亚隆附身，迈入崭新境界……（徐志明）

亚隆先生在我心里，兼具智慧师长、真挚友人和性情中人的丰富感觉。他的著作也总有一种敞怀相见、倾囊相授之感。《一日浮生》中，便能直观读到这让人动容的丰富与慷慨。（张曦）

书中的故事激发了我对待余生的勇气和力量，亚隆的治疗过程指引了我前行的方向，本真地活出自己，做一面干净有温度的镜子。（周叶芳）

《一日浮生》完美体现了《存在主义心理治疗》中独特的治疗理念：不断支持来访者内在的勇气与智慧，并让其化为来访者内心愿望的坚定力量，以扫除那些阻挡其愿望实现的障碍——各种非理性信念。结束这场博弈，来访者犹如一位意志坚定的王者。（王小慧）

——欧文·D.亚隆团体认证咨询师和团体带领者、

《一日浮生》读书团体领读人

2021年6月某日，我写下《生命的礼物》第2章的第一句译文："我，玛丽莲，每天倚靠在客厅的沙发上，透过落地窗望着院子里的橡树和常青树。"

2021年9月9日，我写下《生命的礼物》第32章的最后几句译文："我的功课是活着，直至死亡。我的功课是与我的身体和解，去爱她的全部、所有……"这引自《一日浮生》中的第8章，它瞬间让当时的我超越了死亡恐惧，打开了之前不敢碰触的穿刺报告。

我随后找来《一日浮生》的英文版，读完后特别想揹着心口大哭，最后却只能无声地流泪。这十个故事温柔地揭开了芸芸众生心中最深的恐惧、挣扎和孤独。

2024年3月29日，我走入欧文·D. 亚隆在加州的家，第一次握到他温热的双手。站在落地窗前，我见到了《生命的礼物》中提到的大橡树。我忍不住拍下这张照片，分享给同样热爱亚隆的编辑。

2024年12月12日，编辑问我，是否可以把这张橡树的照片用作《一日浮生》中文版的封底。

这些稍纵即逝的生命片段哪，都藏着伏笔。当它们徐徐展开时，浮生一日便有了永恒的意义。

——秦华

《生命的礼物》合译者

职业及人生教练

在《一日浮生》中，欧文·D. 亚隆记录了十位不寻常的来访者在心理咨询室的故事。通过十段独特的心理治疗，亚隆以其温柔的抱持、犀利的洞见、深邃的思考，让我们体验到了真诚和有联结的咨询关系如何让咨询师和来访者一次次更加靠近彼此的心灵，看到仅有一次或者几次会面的咨询如何产生治疗效果，以及对人性、孤独、焦虑、死亡与存在意义等议题的深刻剖析。这是一部难得的记录咨访关系如何不断深入的佳作。

书中，亚隆以其细腻的笔触，描绘了一个个鲜活的人物与场景，引领我们步入一个个真实又震撼的心灵角落，看到生命旅程中所面临的迷茫、痛苦与挣扎，不断激起我们情感的共鸣与思想的碰撞，鼓励我们勇敢面对孤独，拥抱存在的意义，探寻生命的价值。本书是一本触动心灵之作！

——糖心理团队

亚隆一边向我们展示着存在之苦：孤独、疾病、隐秘的情愫、家庭中的天使与魔鬼、自觉或潜意识中对死亡的抗拒、选择的艰难……一边全身心跃入其中，如同助产士的投入，敏锐地觉察着产程，时而着力，时而暂歇。有时候，他明知该止，却执拗地冒着险，因为他看到了生命焕然一新的可能：修通，推促新生命的诞生。

亚隆对治疗中"过程检查"的娴熟把握令人印象深刻。一个治疗师，需要多少年的实践，才可以跳出治疗的胶着，创造出一份空间，问：我们之间发生了什么？是你不再信任我了吗？我这样做可能让你觉得冒犯，但我实在忍不住地想要问……而每一个时刻都充满觉察、专注、慈悲和省思。

感恩亚隆在这个时代的存在，让我们有机会潜入一个伟大治疗师的智慧之海，愿美德和真实让我们不再受伤害。读《沉思录》去。

——童慧琦

斯坦福大学医学院精神病学和行为科学系临床教授

喜马拉雅大师课"童慧琦：正念冥想课"主理人

　　这本书所讨论的最核心的主题是"不久之后，你将谁也不是，无处可在"。这个关于死亡的主题也本能地激起了我身体的沉重与情绪上的不适。这不是一个轻松的话题，特别是在我一天一天地老去后。

　　撇开要与各种恶劣的自然和人文环境抗争以活下来，撇开我们的生命随时都会因为不可预知的意外面临消失的处境，当我们衣食无忧而又天下太平时，我们内心为何仍然不得安宁？因为，我们仍然逃不脱我们必然的结局："你将谁也不是，无处可在"。如此，我们为什么要活着，我们活着的意义又是什么？这是无数个走进我们治疗室的患者的困惑。

　　是要选择理论上的正确以满足自己的自恋性需要，还是要谦卑地面对保罗这个生命呢？显然，亚隆选择的是后者，作为一个存在主义的心理治疗大师，我感到他在每个生命面前都会低下头来。亚隆选择见证保罗生命中与另外一个高贵灵魂的相遇，并因此而融入这种关系中，使保罗感受到生命中的再次相遇，保罗也因此而得救。亚隆用"crook"（也许指临床痊愈，也许是移情性好转）这个词来描述这个痊愈，表明他内心对治疗中发生了什么一目了然，但是，面对一个八十多岁（指写作此书时的年龄）生命行将终结的老人，有什么方法比亚隆的方法更接近生命，更贴近对一个生命的尊重呢？

对于我来说，读完这本书给我最大的启发是：走过，顺其自然地，走过属于你的那一小段时光；洞察恶，体验恶，然后试着去带着善行和美德，走完余下的时光。

——童俊，教授、主任医师、博导
国际精神分析协会认证精神分析师

在这本书中，欧文·D. 亚隆以其一贯的深刻洞察与细腻笔触，描述了十个深刻的小故事，让我们看见人类心灵的深邃、失落、感伤与幽默。他所描述的不只是治疗过程，更是生命本身。这十个故事仿佛是我们每个人生命的缩影，充满了迷茫、思索、希望与爱。我们可以在书中十个来访者的经历里，找到自己的影子，从而获得重新审视生活的勇气和智慧。最令人感动的是，那些人尽管不完美，却鼓起勇气努力认识真实的彼此。

万生心语16年来一直专注和深耕欧文·D. 亚隆团体心理培训，让我们更加深入地理解着亚隆的作品所蕴含的力量，并因此书的感召开展了以《一日浮生》为主题的团体体验活动和读书会，让更多人更加深入体验本书所描述的动人生命故事。我们深信，不管你正处于人生的何种阶段，《一日浮生》都将为你带来深刻的感悟和温暖的慰藉。让我们一同在书页间开启这场关于生命真谛的探索吧。

——万生心语

浮生一日。我阅读到一个生命对另一个生命的真诚关切并推动另外一个个体的精神旅程的故事集。亚隆先生以智慧、平和的对话，书写着如何面对及如何帮助人们去面对不可改变的伤痛、过去、丧失、衰老、死亡、孤独，以及如何生活……这些严肃又沉重的生命议题，激荡而又抚慰人心，让我常想起"生如夏花之绚烂，死如秋叶之静美"。每个生命个体转化的复杂和奇妙，让我感动和心生敬畏。书中亚隆主动提出并到来访者家中做治疗以及给阿斯特丽德在督导和治疗间来回切换的方式，让我诧异，引人慎思。

——吴艳茹

上海市精神卫生中心主任医师

中国心理学会注册督导师

国际精神分析协会认证精神分析师

《正念：照进乌云的阳光》作者

在我读完欧文·D. 亚隆的这本《一日浮生》之后，我有一种强烈的感受：这本书是这位心理学巨匠写给自己的一本穿越生死之书。每一篇短篇故事都不仅仅是对患者心理旅程的记录，更是亚隆自己对生命、死亡、存在意义的深刻反思。与这本书中的每一个人物的对话，都仿佛是亚隆在与自己灵魂深处对话，在与人生最后旅程中的挑战进行着对抗。

在这本书中，亚隆用他那极富洞察力的笔触描绘了人生中最重要的议题：我们如何面对死亡？如何接受自己生命的有限？如何在这有限的时间里找到存在的意义？看穿生死对活着的人到底意义何在？这些问题不仅是亚隆对患者们的探讨，更是他对自己人生的审视与回应。

《一日浮生》不仅仅是一本心理治疗的案例集，更是一位老人对自己生命的回顾与总结，是一位智者在生命尽头对人生本质的探索。亚隆通过这些故事，传递的不仅仅是治疗的智慧，更是对生命真谛的深沉思考。读完这本书，你会感受到亚隆那份对人生的热爱和对死亡的无畏，而这份感悟也许会让你在面对自己的人生旅途时，拥有更多的勇气与智慧。

这本书适合每一个对生命和死亡有所思考的人。无论你是否曾经接受过心理治疗，或者是否曾经思考过人生的意义，这本书都能为你提供一次与自己内心深处对话的机会。在亚隆的字里行间，我们不仅可以看到他如何帮助他人面对内心的黑暗，也可以感受到他如何以极大的勇气面对自己的人生终点。

《一日浮生》是一本值得一读再读的书，因为它不仅是在谈论他人的故事，更是在述说我们每个人的生命旅程。

——袁希

科教投资人

心理咨询师的工作，也许是帮助来访者安然处于两个完全相反的状态。

比如：

既是自己，又是别人；

既快乐，又伤感；

既为所欲为，又作茧自缚；

既年轻，又衰老。

当然最重要的是，既活着，也死了。

这些逻辑上有些荒谬的叠加态，是每个真实的人所体验到的现实，就像是读亚隆的书的感觉：既是在读书，又是在像书中每个主角一样活着。

—— 曾奇峰

精神科医生

又读到亚隆的文字，既熟悉又陌生。说熟悉是因为我已经不止一次读过亚隆的许多脍炙人口的书，一如既往的跌宕起伏和充满激情又满怀深情的人文关怀；说陌生是因为自己的人生体验和专业经验也在增长，每次阅读都有新的思考、触动和感悟。我感到与其说这是在读一本有关心理治疗个案的记录，还不如说是在欣赏极具艺术魅力的一个个生命叙事，整个阅读过程里自己的情绪也随着书中的情节跌宕起伏。我时常在想，作为心理治疗师，我们在多大程度上有勇气、有能力和能够保持持续的激情，去对来访者的生命故事进行重新建构而又不陷入自以为是和自我感动，并能和来访者共同合作且同频共振，在这一点上，亚隆是一个无法超越的标杆。

——张海音

上海市精神卫生中心主任医师

海音心理创始人

人的一生不过三万多天，高寿的心理师可以"服役"两万天左右。我有幸在二十岁左右读到了亚隆的《给心理治疗师的礼物》，到如今基本上读了所有能找到的"生命的礼物"。《一日浮生》是个很特别的礼物，吉光片羽又珠联璧合，十个匠心遴选的故事，宛如十条通往人性的幽径，令后学者流连之余更添前行之信心。即便是对一般读者而言，也可以点亮你的一日，乃至一生。

——张沛超，哲学博士

资深心理咨询师、督导师

生死存亡的主题对大多数人来说并不轻松，甚至不愿直视。但这的确是每一个人都需要面对的重要话题。如果你既想探讨又感到为难，那就让一些对此主题不畏惧、有兴趣、能深思的智者来代替我们诉说。最好是不要太沉重和晦涩，而是以讲述鲜活人生故事的形式让我们共感到生命的存在。欧文·D. 亚隆的这本《一日浮生》或许就是你能接触到的最好的索引之一。

——张天布

西安终南心理首席督导师

陕西省人民医院心理科主任医师

欧文·D. 亚隆的咨询故事集《一日浮生》让我们有机会近距离观摩一位心理治疗大师的短程心理治疗。在一系列案例故事中，作者展示了他如何与来访者共同探索心理议题的一些存在主义维度：爱与分离的纠结、衰老与死亡的不可避免性、真相与神往之间无穷的错位……这些是每一个浮生于世的人都会面临的议题，却经常被有意无意地回避了。而在欧文·D. 亚隆的治疗室里，来访者不得不直视它们。

《一日浮生》是一本值得一读再读的优秀文本，它的文学叙事是准确而精湛的，兼具专业性与艺术性。

——訾非

中国心理学会临床与咨询心理学专业机构和

专业人员注册系统注册督导师

心理咨询与治疗自由执业者

《成长心理学》作者

（按姓氏音序排列）

你我世人，皆如寄人生，或铭记，或遗忘，大体如此。世间白驹过隙，记忆者和被纪念者，不过逝者如斯。全然忘记之日，近在咫尺；不再被纪念之时，迫在眼前。永远铭记，你行将寂寂无名，无处可去，无地可往。

——马可·奥勒留（Marcus Aurelius），《沉思录》(*The Meditations*)

Creatures of
a Day

目录

专家导读与赞誉

1　**第1章　曲线治愈**

八旬老者专程来访，竟不求治疗，只求亚隆细读一份持续数十载的信件……

15　**第2章　虚实人生**

一直被幼年丧父的阴霾笼罩的企业高管，在外人看来光鲜亮丽，坐拥一切，但内心极度自我贬低，觉得自己一无是处。亚隆如何陪伴他走出内心的恐惧？

32　**第3章　芭蕾舞者与爱情刽子手之舞**

处在事业巅峰的年轻首席芭蕾舞者遭遇意外，断送艺术生涯，惨遭丈夫抛弃，在之后的人生岁月中一次又一次地处在与爱情刽子手共舞的危险之中。亚隆如何帮助这位风韵犹存的老太太抵抗生而为人的限制？

54 第4章 谢谢你，莫莉

遭遇一次又一次亲人丧失的斯坦福医院医生，深陷死亡恐惧的泥潭，疗愈竟然发生于亚隆的无心插柳之举。柳暗花明又一村……

87 第5章 围城莫人

80岁的亚隆遇上成功富有的77岁前首席执行官，两人斗智斗勇。亚隆如何点出他难以适应养老院生活的关键因素？

109 第6章 给孩子们做个榜样

当作为心理治疗师和护士的助人者，无法安顿自己的身心时，亚隆如何协助她们解开心结？

138 第7章 放下过去会变好的执念

她在年老退休时决定响应写作天命的召唤，却害怕面对过去文字记录的黑暗岁月和无法承受的生命之重。两个作家之间的咨访关系，是否能写出疗愈的新篇章？

154 第8章 你自己得个绝症试试

亚隆与一位行将就木的癌症晚期的老妇，再一次直视骄阳。

179 第9章 三声哭泣

让我们体验一切；让我们离开这里，不留遗憾；让我们用尽所有，让死亡无从可取。

189 **第 10 章 一日浮生**

"你我世人，皆如寄人生，或铭记，或遗忘，大体如此。世间白驹过隙，记忆者和被纪念者，不过逝者如斯。全然忘记之日，近在咫尺；不再被纪念之时，迫在眼前。永远铭记，你行将寂寂无名，无处可去，无地可往。"

216 **致读者**

217 **致谢**

218 **后记**

第 1 章
曲线治愈

八旬老者专程来访，竟不求治疗，
只求亚隆细读一份持续数十载的
信件……

亚隆博士，我想咨询一下，我读过你的小说《当尼采哭泣》(*When Nietzsche Wept*)，不知道你是否愿意为一个有写作障碍的作家朋友看病。

——保罗·安德鲁斯

毫无疑问，保罗·安德鲁斯试图通过他的电子邮件来引起我的兴趣。他成功了。我从来没有拒绝过作家朋友。至于写作障碍，我感到很幸运，因为我没有被这类人拜访过，而且我很想帮助他解决这个问题。十天后，保罗赴约了。我被他的外表吓了一跳。出于某种原因，我本以为他是一个疯狂的、饱受折磨的中年作家，然而，进入我办公室的是一个枯瘦的老人，他弯着腰，似乎在仔细观察地板。当他缓慢地挪入我的房门时，我想知道他是怎么来到我位于俄罗斯山顶的办公室的。我几乎能听到他的关节在吱吱作响，我接过他沉重的破旧公文包，握住他的胳膊，引导他坐到椅子上。

"谢谢，谢谢，年轻人。你多大年纪了？"

"80 岁了。"我回答。

"啊，又是 80 岁了。"

"你呢？你多少年岁？"

"84 岁。是的，没错，84 岁。我知道这让你很吃惊。大多数人猜测我是 30 多岁。"

我仔细看了看他，有那么一瞬间我们的目光对上了。我被他那双精灵般的眼睛和他嘴唇上的一缕微笑所吸引。当我们静静地坐着，互相看着对方时，我想象着我们沐浴在智者的光辉中，仿佛我们是船上的旅行者，在一个寒冷的雾夜里，在甲板上交谈，发现我们是在同一个街区长大的。我们一下子就认识了对方：我们的父母经历了大萧条，我们目睹了乔·迪马乔（Joe DiMaggio）和泰德·威廉斯（Ted Williams）之间的传奇对决，记得黄油和汽油的配给卡，记得欧洲胜利日[⊖]，记得斯坦贝克的《愤怒的葡萄》（*Grapes of Wrath*），记得法雷尔的《梭哈》（*Studs Lonigan*）。不言而喻，当我们分享这一切时，感觉彼此的联结很安全。现在是时候开始工作了。

"那么保罗，如果我们可以用名字称呼彼此的话——"

他点了点头。"当然。"

"我对你的了解，都来自你那封简短的电子邮件。你写道，你是一个作家同行，你读过我的尼采小说，你有写作障碍。"

　　⊖　又叫 VE 日，是庆祝第二次世界大战欧洲战场胜利的节日。——编者注

"是的，而且我要求进行一次咨询。就一次。我靠固定收入生活，无法负担更多。"

"我会尽我所能。让我们立即开始，并尽可能地高效。告诉我关于这个写作障碍，我应该知道什么。"

"如果你不介意的话，我可以讲一些个人历史。"

"这很好。"

"我得回溯到我的研究生时代。我在普林斯顿大学的哲学系攻读我的博士学位，研究尼采，关于他决定论的思想和对自我转变的支持之间的不相容性。但我没能完成。我不断地被尼采非同寻常的信件所困扰，尤其是他给他的朋友和斯特林堡等作家朋友的信。渐渐地，我对他的哲学完全失去了兴趣，而更看重他作为艺术家的部分。我开始把尼采看作一个拥有历史上最强大声音的诗人，这种声音是如此雄伟，以至于让他的思想黯然失色。我无事可做，只得转系，改写文学而不是哲学博士论文。几年过去了，我的研究进展顺利，但我根本无法写作。最后我得出一个结论：只有通过艺术才能照亮一个艺术家，于是我完全放弃了博士论文项目，转而决定写一部关于尼采的小说。但写作障碍既没有被我的项目改变所愚弄，也没有被其吓倒。它仍然像一座花岗岩山一样强大而不可动摇。我不可能有任何进展。就这样，它一直持续到今天。"

我惊呆了。保罗现在已经84岁了。60年前，他一定是在20多岁的时候就开始写他的论文了。我以前听说过职业

一日浮生

学生，但60年？他的生活被搁置了60年？不，我希望不是。这不可能。

"保罗，让我了解一下你在大学时代之后的生活。"

"没有什么可说的。当然，大学最终判定我超时，打了'下课铃'，并终止了我的学生身份。但书是我的血液，我从未远离过它们。我在一所州立大学找了一份图书管理员的工作，在那里一直待到退休，这些年一直在尝试写作，但没有成功，就这样。这就是我的生活。到目前为止。"

"多谈谈你的家庭，你生活中的人，如何？"

保罗似乎不耐烦了，快速地吐出了他的话。"没有兄弟姐妹。结过两次婚，离过两次婚。幸运的是婚姻很短。没有孩子，谢天谢地。"

这变得非常奇怪，我想。保罗一开始是那么和蔼可亲，现在却似乎打算尽可能不给我任何信息。发生什么事了？

我坚持了下来。"你的计划是写一本关于尼采的小说，你的邮件提到你读过我的小说《当尼采哭泣》。你就这方面能多说几句吗？"

"我不明白你的问题。"

"你对我的小说有什么感觉？"

"一开始有点儿慢吞吞的，但它聚集了能量。尽管语言呆板，对话程序化，不伦不类，但总的来说，它并非一本不引人入胜的书。"

"不，不，我的意思是你对那部小说的反应，当你自己也在努力写一部关于尼采的小说的时候，一些感觉一定不能自控，自然升腾。"

保罗摇了摇头，好像他不希望被这个问题所困扰。我不知道还能做什么，就继续说了下去。

"告诉我，你是怎么找到我的？我的小说是你选择我进行咨询的原因吗？"

"好吧，不管是什么原因，我们现在就在这里了。"

我想，事情越发奇怪了。但是，如果我想为他提供一个有用的咨询，我必须了解他的更多情况。我求助于"三板斧"问题，这个问题从来都能提供大量的信息。"我需要更多地了解你，保罗。我相信，如果你能带我详细了解你生活中典型的二十四小时，会有助于我们今天的工作。请选择本周早些时候的一天，让我们从你早上醒来开始。"我几乎总是在咨询中问这个问题，因为病人的回答能提供关于病人生活中许多方面的宝贵信息——睡眠、梦境、饮食和工作习惯——但最重要的，是我可以了解到病人的生活中有什么人。保罗没有满足我的探寻热情，只是微微摇了摇头，仿佛要把我的问题抛开。"我们有更重要的事情要讨论。多年来，我与我的论文指导者克劳德·穆勒教授有长期的通信联系。

"克劳德·穆勒教授。你知道他的工作吗？"

"嗯，我熟悉他写的关于尼采的传记，相当精彩。"

"好，非常好。我特别高兴你这么想。"保罗说，他把手伸进他的公文包，抽出一个庞杂的活页夹，"好吧，我把那些信件带来了，我希望你能读一读。"

"什么时候？你是说现在？"

"是的，在这次咨询中，我们没有更重要的事情可以做。"

我看了看我的手表。"但我们只有这一次咨询，读这个要花上一两个小时，而我们有那么多重要的事——"

"亚隆博士，相信我，我知道我在做什么。请你开始吧。"

我被弄得晕头转向。该怎么做？他是绝对下了决心的。一方面，我已经提醒他我们的时间限制，而且他完全知道他只有这一次咨询。另一方面，也许保罗知道他正在做什么。也许他认为，这些信件会提供我所需要的关于他的所有信息。是的，是的，我越想越肯定：一定是这样的。

"保罗，我猜你的意思是，这些信件提供了关于你的必要信息？"

"如果这个假设对你阅读它们是必要的，那么答案是肯定的。"

最不寻常的是，亲密对话是我的职业，我的主场，是一直都让我感到很舒服的地方，然而在这次对话中，一切都让我感觉不对劲，不合拍。也许我应该停止如此努力，顺其自然。毕竟，这是他的时间。他在为我的时间买单。我觉得有点晕，但还是默许了，伸出手来接受他递过来的活页夹。

当保罗把巨大的三环活页夹递给我时，他告诉我，这些信件延续了45年，到2002年穆勒教授去世时结束。我开始翻阅书页，熟悉这个项目。这本活页夹是经过精心制作的。似乎保罗保存了他们之间的一切，包括简短的便条和长篇大论的信件，并编制了索引和日期。穆勒教授的信被整齐地打出来，上面有他小巧精致的结尾签名，而保罗的信——无论是早期的复写本还是后来的影印件——都只是以字母P结束。

保罗朝我点了点头："请开始。"

我读了前几封信，发现了其中一封最令人厌恶又最吸引人的信件。尽管穆勒教授显然非常尊重保罗，但他责备他对义字游戏的痴迷。在第一封信中，他说："我看到你爱上了文字，安德鲁斯先生。你喜欢和它们跳华尔兹。但文字只是音符，形成旋律的是思想，是思想赋予了我们的生活结构。"

"我认错，"保罗在随后的信中反驳道，"我不摄取和代谢文字，我喜欢与它们共舞。我非常希望能永远犯这种错误。"几封信之后，尽管他们的角色不同，也有半个世纪的隔阂，但他们放弃了先生和教授的正式头衔，而使用他们的名字，保罗和克劳德。

在另外一封信中，我注意到保罗写的一句话："我从来没有让我的同伴们感到困惑。于是，我有了陪伴。"保罗继续说，"因此，我将永远拥抱孤独。我知道我犯了一个错误，那就是假设别人和我一样对伟大的文字充满热情。我知道，我把我的激情强加给了他们。你只能想象，当我接近他们时，所有的'生物'是如何四散逃离。"这听起来很重要，我想。"拥抱孤独"是一个很好的修饰，使其具有诗意，但我想他应该是一个非常孤独的老人。

然后，几封信之后，我有了一个"啊哈"时刻，我看到一段话，可能提供了理解这整个超现实咨询的关键。保罗写道："所以你看，克劳德，除了寻找我能找到的最灵活和最高尚的思想，我还能剩下什么？我需要一个有可能欣赏我的感觉、我对诗歌的热爱，一个足够精辟和大胆的头脑来与我对话。有任何文字加速你的脉搏吗，克劳德？我需要一个脚步轻盈的舞伴来跳这个舞。你能给我这个荣幸吗？"

一声雷鸣般的理解在我脑海中迸发，现在我知道为什么保罗坚持要我读这些信件。这是很明显的，我怎么会错过呢？穆勒教授12年前去世了，而保罗现在正在寻找另一个舞伴！这就是我关于尼采小说的作用！难怪我一直都很困惑，我以为我在采访他，而实际上，是他在采访我。这一定就是所发生的事情。

我看了一会儿天花板，想知道怎样才能把这个清晰的见解说出来。这时保罗打断了我的沉思，指着他的手表说："拜托，亚隆博士，我们的时间过去了。请继续阅读。"我遵从了他的意愿。这些信很有说服力，我很高兴地再次投入其中。在开头的十几封信中，似乎有一种明确的师生关系。克劳德经常建议作业，例如："保罗，我想让你写一篇关于比较尼采的厌女症和斯特林堡的厌女症的文章。"我以为保罗完成了这样的作业，但在书信中没有进一步提及。他们一定是面对面地讨论了他的作业。但渐渐地，在这一年之中，老师和学生的角色开始消解。他们很少提到作业，而且有时很难分辨谁是老师，谁是学生。一方面，克劳德提交了几首自己的诗，寻求保罗的评论，而保罗的回应并不恭敬，他敦促克劳德关闭他的理智，关注自己内心的情感冲动。另一方面，克劳德批评保罗的诗歌有激情，但言之无物。

他们的关系随着每一次信件的交换而变得更加亲密，更加激烈。我在想，我手中握着的，是不是保罗一生中伟大的爱情？也许是唯一的爱情的灰烬，也许是保罗长期经受着的、悬而未决的悲痛。是的，是的，肯定是这样的。这就是他让我读这些给死者的信的目的。

随着时间的推移，我接受了一个又一个的假设，但最后都未能提供我所寻求的完整解释。我读得越多，我的问题就越多。为什么保罗要来见我？他说写作障碍是他的主要问题，但为什么他对探索他的写作障碍没有表现出任何兴趣？为什么他拒绝向我介绍他的生活细节？还有，为什么他坚持要我花所有时间一起阅读这些很久以前的信件？我们需要弄清楚这一点。我决心在我们分开之前向保罗提出所有这些问题。

然后我看到一封回信，让我停顿了一下。"保罗，你对纯粹的经验的过度美化，是在一个危险的状态下。我必须再次提醒你，苏格拉底的告诫，未经审视的生活是不值得过的。"

做得好！克劳德。我默默地点头。和我的观点完全相同，我完全认同你催促保罗审视自己的生活。

但保罗在他的下一封信中尖锐地反驳道："如果要在生活

和审视之间做出选择，我随时会选择生活。我避开了解释的弊病，并强烈建议你也这样做。解释的动力是现代思想的一种流行病，它的主要携带者是当代的治疗师。我所见过的每一个心理医生都患有这种疾病，而且它是令人上瘾并具有传染性的。解释是一种幻觉，一个海市蜃楼，一个构造，一首舒缓的摇篮曲。解释并不存在。让我们用它的正确名称来称呼它，它是懦夫对岌岌可危、冷漠无情和反复无常的纯粹存在所产生的令人窒息的恐惧的一种防御。"我再三地阅读这段话，感到不确定。是否应处理在我脑海中发酵的各个想法，我摇摆不定。我知道，保罗接受我的跳舞邀请的可能性为零。

　　每隔一段时间，我抬头看到保罗的眼睛盯着我，看我的每一个反应，示意我继续读下去。但是，最后，当我看到只剩下十分钟的时候，我合上了文件夹，坚定地捍卫主场。

　　"保罗，我们剩下的时间不多了，我有几件事想和你讨论。我很不舒服，因为我们的咨询即将结束，而我还没有真正解决你联系我的根本原因——你的主要诉求，你的写作障碍。"

　　"我从来没有说过。"

　　"但你在给我的电子邮件中说……这里，我把它打印出来了。"我打开了我的文件夹，但在我找到它之前，保罗回应道："我知道我的话：'我想咨询一下。我读过你的小说《当尼采哭泣》，不知道你是否愿意为一个有写作障碍的作家朋友看病。"

我抬头看他，以为他在笑，但他完全是认真的。他说他有写作障碍，但并没有明确地把它作为他需要帮助的问题来标注。这是个文字陷阱，我忍住了对他的恼怒。

　　"我习惯于帮助有问题的人。这就是治疗师的工作。所以人们很容易理解我为什么会做出这种假设。"

　　"我完全理解。"

　　"那好吧，让我们重新开始。告诉我，我怎样才能对你有所帮助？"

　　"你对通信的反馈？"

　　"你能说得更清楚吗？这将有助于我确定我的意见。"

　　"任何一个观察对我来说都很有帮助。"

　　"好的。"我打开笔记本，翻了几页，"如你所知，我只有一小部分时间阅读，但总的来说，我被它吸引了，保罗，发现它充满了最高水平的智慧和博学。我对角色的转变感到震惊。起初你是学生，他是老师。但显然你是一个非常特别的学生，在几个月内，这个年轻的学生和这个著名的教授就开始平等地进行交流。毫无疑问，他对你的评论和你的判断怀有最大的尊重。他欣赏你的散文，重视你对他工作的批评，我只能想象，他给你的时间和精力，一定远远超过了他可能提供给一般学生的东西。当然，考虑到在你作为学生的期限结束后，你们的通信还在继续，毫无疑问，你和他对彼此都非常重要。"

　　我看了看保罗。他一动不动地坐着，眼睛里充满了泪水，急切地听着我说的一切，显然还在渴求更多。终于，终于，我们有了一次接触。最后，我给了他一些东西。我可以为一个事件做见证，这对保罗来说是非常重要的。我，只有我可以证明，有一个伟大的人，认为保罗·安德鲁斯是重要的。但这位伟大的人多年前就已经去世了，而保罗现在已经变得非常虚弱，无法独自承受这一事实。他需要一个证人，一个有地位的人，而我被选中来担任这个角色。是的，我对这一点毫不怀疑。这个解释散发着真理的香气。

现在我要传达一些对保罗有价值的想法。当我回顾我所有的见解和我们剩下的几分钟时，我不知道从哪里开始，最终决定从最明显的开始："保罗，你的回答给我留下最深刻印象的，是你和穆勒教授之间的关系的强度和温柔。它给我的印象是一种深深的爱。他的死对你来说一定很可怕。我想知道这种令人痛苦的丧失，是否仍然存在？这就是你希望进行咨询的原因。你怎么看？"

保罗没有回答。相反，他伸出手来拿手稿，我把手稿还给了他。他打开公文包，把书信夹装好，然后拉上拉链。

"我说得对吗，保罗？"

"我希望与你进行咨询，因为我希望如此。现在我已经咨询过了，我得到的正是我想要的东西。你对我很有帮助，非常有帮助。我期望的就是这样。谢谢你。"

"在你离开之前，保罗，请再给我一点儿时间。我发现，去了解'什么对你有帮助'，这很重要。你能就你从我这里得到的东西阐述一下吗？我相信，对这个问题的进一步澄清会对你的未来有好处，而且对我和我未来的来访者可能会有帮助。"

"欧文，我很遗憾不得不给你留下这么多谜语，但恐怕我们的时间到了。"他试图起身时，有些蹒跚。我伸出手，抓住他的肘部，让他稳住。然后他挺直了身子，伸手与我握手，并以一种带着振奋的步伐，大步走出了我的办公室。

一日浮生

第 2 章
虚实人生

一直被幼年丧父的阴霾笼罩的企业高管，在外人看来光鲜亮丽，坐拥一切，但内心极度自我贬低，觉得自己一无是处。亚隆如何陪伴他走出内心的恐惧？

查尔斯，一位与众不同的企业高管，他有出色的背景：受教于安多佛中学和哈佛商学院；祖父和父亲跻身成功银行家之列，母亲则是一所著名女子学院的董事会主席。他本人物质条件优越：一座旧金山的公寓，可以俯瞰从金门到海湾大桥全景；一位可爱的、社会名媛妻子；六位数中数的薪水以及一辆捷豹 XKE 敞篷车。他 37 岁时，便已坐拥上述的一切。

　　但是，他的内心却认为自己毫无可以夸口之处。查尔斯深陷于自我怀疑、自责和内疚。当他在公路上看到一辆警车时，他会直冒虚汗。他自嘲道："自由飘浮着的内疚感在寻找一种罪，这就是我。"此外，他的梦境也充满着无情的自我贬低。他看到自己身上满是流脓的伤口，蜷缩在地窖或山洞里，他是一个低俗之人，流氓、罪犯、骗子。但即使在梦中他一边贬低自己，一边又闪现出他那古怪的幽默感。

　　"我和一群人，为一部电影中的某个角色试镜。"他在我们早期的一次咨询中描述了他的一个梦，"我等着轮到我，然后把台词表演得很好。果然，导演把我从等候区叫回来，对我大大夸奖了一番。然后他问起我以前演过什么电影角色，我告诉他我从没有演过电影。只见他的手猛拍在桌子上，突然站起来，边走边喊：'你不是演员。你在模仿演员。'我追着他喊：'如果你模仿演员，你就是一个演员。'但他一直走，身形已经到远处了。我尽可能大声地喊道：'演员就是模仿别人的，这就是演员的工作！'但我怎么喊，也无济于事，他的身影已经消失，只剩我一个人。"

查尔斯的不安全感，似乎固定不变、如影随形，而且不受任何积极正向价值的影响。所有积极的事情——成就、升职、来自妻儿和朋友们的爱，来自客户或员工的良好反馈——都像水过筛子一样迅速从他流过。尽管在我看来，我们有良好的工作关系，但他坚持认为，我对他不耐烦或厌烦不已。有一次，我说他的口袋有洞，这句话触发了他的敏感神经，他居然在我们咨询期间念念不忘地重复这句话。我们花数小时挖掘他自我否定的来源，筛查了几乎所有的可能性——诸如智商并非超群、SAT 分数不高、未能在小学霸凌中胜出、青春期痤疮、在舞池中的尴尬、偶尔的早泄、对自己阴茎小尺寸的担忧等，最终，我们找到了黑暗之源。

查尔斯告诉我："一切糟糕始于我八岁的一个早晨，我的父亲是一名奥林匹克帆船运动员，在一个灰蒙蒙的大风天，他一大早驾一艘小船从缅因州的巴尔港出发，开始了例行的晨练，然后就再也没有回来。那一天，似乎在我脑海中定格了。可怕的家庭守夜，越来越狂啸的风暴，母亲焦躁不安的踱步，不断打给朋友和海岸警卫队的电话。铺着红色格子桌布的厨房桌上的电话，全家人目不转睛地盯着。随着夜幕的降临，风还在嘶吼，恐惧在加深。最糟糕的是，第二天一早，海岸警卫队打来电话，说他们发现父亲的空船倒扣着浮在水面上。母亲立时号啕大哭，而父亲的遗体下落不明。"

泪水顺着查尔斯的脸颊奔涌而下，情绪使他哽咽不已，仿佛这件事就发生在昨天，而不是 28 年前。"好日子就此结束了。父亲温暖的拥抱、马蹄铁游戏、中国跳棋和大富翁游戏的时光，一切的一切都结束了。我想我当时就意识到，一切都不会再一样了。"

查尔斯的母亲，余生一直在哀悼中度日，取代他父亲的人没有出现。在他看来，他成了自己的父母。是啊，作为一个自立之人，自然有其优点，自强不息可以带来自我肯定，但过程确实孤独难耐。在夜深人静的时候，查尔斯常常渴望炉灶的温暖——那变冷已久的温暖。

一年前，在一次慈善活动中，查尔斯遇到了高科技企业家詹姆斯·佩里，两人一见如故。几次见面后，在新公司中，詹姆斯为查尔斯安排了一个待遇优渥的职位。詹姆斯比查尔斯大 20 岁，他拥有在硅谷点石成金的本事。尽管他已经积累了大量的财富，但正如他所说，他不能退出游戏，所以他继续成立新公司。虽然他们的关系很复杂——朋友、上下级、导师与门生，查尔斯和詹姆斯仍能够优雅地穿梭人生，不停地

一日浮生

转换着角色。工作需要，他们常常旅行，只要他们都在城里，就会在一天结束的时候，见面小酌和畅谈。他们的确无所不谈，公司、竞争、新产品、人事问题、家庭、投资、当前的电影、度假计划，只要他们想到就会谈到。查尔斯从心底里珍惜这些亲密的时光。

就在那段时间，在遇到詹姆斯后不久，查尔斯第一次联系了我。置身詹姆斯亦师亦友的滋养和指导下的美好时光里，却来寻求治疗，似乎不合常规，但也不难理解。詹姆斯给予的关怀和父爱，激起了查尔斯对生父死亡的记忆，使他更加意识到自己错失了什么。

在我们治疗的第四个月，查尔斯打电话来，要求进行一次紧急咨询。他出现在我的办公室，面色苍白。他慢慢地走到自己的椅子前，小心翼翼地低身坐下来，费了半天劲儿，他才挤出几个字："他死了。"

"查尔斯，发生了什么？"

"詹姆斯死了。大面积中风。瞬间离世。他的遗孀告诉我，她去参加董事会的一个晚宴，回家之后，发现他瘫在客厅的椅子上。天哪，他甚至没有生病！完全，完全出乎意料。"

"太可怕了。这对你一定是个很大的打击。"

"从何说起呢？我找不到合适的词儿。他是那么好的一个人，对我那么好。能认识他我三生有幸啊！我就知道！我早就知道，物极必反，月盈则亏。天哪！我真为他的妻儿难过。"

"我也为你感到难过。"

在接下来的两个星期里，查尔斯和我每周见面两到三次。他无法工作，睡眠不佳，在我们的咨询中经常哭泣。一次又一次地，他表达着他对佩里的尊重，对他们共同度过的时光的深深感激。昔日"丧失"的痛苦，再次浮现，不仅是对他的父亲，还有他已经去世三年零一个月的母亲，还有迈克尔，一个死于七年级的童年朋友，以及克里夫，一个死于动脉瘤破裂的营地辅导员。查尔斯反反复复谈到人生中的意外冲击。

"咱们探索一下你的意外冲击吧。"我建议道，"它的主要成分是什么？"

"死亡总是一种冲击。"

"继续说……多同我讲讲这部分吧。"

"这是不言而喻的呀。"

"请试着用话语表达一下。"

"啪，生命就这样消失了。就像这样，没有地方可以躲藏。没有所谓的安全，瞬息万变……生命是短暂的，我知道这一点……谁又不知道呢？但我从未仔细想过，从不愿意去想这个问题，但詹姆斯的死一直迫使我去想这个问题。他更年长，我知道他会比我先死，这只是让我不得不面对一些事情。"

"多说说，什么事情？"

"关于我自己的人生，关于即将来临的死亡，关于死亡的永恒，关于永远死去。不知何故，'永远死去'这个想法，一直在我的脑海中驻留。哦，我羡慕我的天主教朋友和他们所相信的来世，我真希望我也能相信这一套。"他深吸了一口气，抬头看着我，"所以这就是我一直在思考的问题，还有常想，什么是人生真正重要的问题。"

"多说说吧……"

"我在想，把我的一生都花在工作上，赚的钱比我需要的多，这是毫无意义的。我得到的已经足够多了，但我还在继续，像詹姆斯一样。我为我的生活方式感到难过。我本可以成为一位更好的丈夫，一位更好的父亲。感谢上天，还有时间。"

"感谢上天，还有时间。"我认同这种想法。我认识很多人，他们都能以这种积极的方式来应对悲伤。生活中残酷的事实唤醒了他们，并催化了一些重大的改变。对查尔斯来说，这看起来可能成真，我希望能帮助他走上这个方向。

然而，在詹姆斯·佩里去世约三周后，查尔斯走入我的办公室，处于高度激动状态。他呼吸急促，为了让自己平静下来，他把手放在胸前，深呼一口气，慢慢地陷入座椅中。

"我真的很高兴我们今天能见面。如果我们没有安排这个时间，我可能昨晚就会打电话了。我刚刚经历了生命中最大的一次打击。"

"发生了什么？"

"玛戈·佩里，詹姆斯的遗孀，昨天打电话给我，邀请我过去，因为她有一些事情想面谈。我昨晚去看了她，然后……好吧，我就直说了。她是这样说的，'我本来不想告诉你的，查尔斯，但现在太多人知道了，我宁愿你从我这里听到，而不是从其他人那里知道，詹姆斯不是死于中风，他是自杀的'。从那刻起，我就糊涂了。世界完全颠覆了。"

"这对你来说多么可怕啊！告诉我你内心发生的一切。"

"太多了。五味杂陈，情感风暴，一言难尽。从何说起呢？我没有头绪。"

"想到哪儿说哪儿吧。"

"好吧，在我脑海中闪现的第一个念头是，如果他能自杀，那么我也能。我无法进一步解释这一点，我能说的就是，我如此了解他，我们如此亲密，他像我，我像他，如果他能做到这一点，如果他能自杀，那么我也能。这种可能性吓倒我了。别担心，我不会自杀，但这种想法挥之不去。如果他可以，那么我也可以。'死亡、自杀'它们不是抽象的想法，不再是了，它们是真实的。但为什么呢？他为什么要自杀？我永远也找不到答案。他的妻子对此毫无头绪，或者假装毫无头绪。她说太出乎她的意料。我可能必须习惯，我永远不会知道答案。"

"继续说，查尔斯。告诉我一切。"

"世界完全颠倒了，我不知道何为真实了。他是如此强大，如此有能力，如此支持我，如此关怀，如此体贴。然而，想想看，在他为我打造一个舒适巢穴的同时，他却是如此痛苦，都不想再活下去。什么是真实呢？你能相信什么？所有

一日浮生

这些时间里，他都在给我支持，给我好的建议，可与此同时，他一定在考虑自杀，你明白我的意思吗？那些我和他坐在一起聊天的美好幸福时光，那些我们分享的亲密时刻——现在我知道那些时光并不存在。我感觉我们彼此相连，我分享了他的一切，但实际上，那不过是我自己的独角戏。他不在那里，他并不快乐，他在考虑把自己干掉，到底什么是真实的？我不知道，我正在虚构自己的现实世界。"

"那么这个现实呢？这个房间呢？你和我呢？我们在一起的方式呢？"

"我不知道该相信什么，该相信谁。没有所谓的'我们'。我真的很孤独。就在我们现在说话的时候，我非常怀疑，你和我此刻是否感受一致。"

"我真诚希望你和我尽可能地成为'我们'，两个人之间总有一条不可逾越的鸿沟，但我想在这个房间里，尽可能地缩小这一鸿沟。"

"但是欧文，我只能猜测你的想法和感受，看看我对詹姆斯的看法是多么错误。我以为我们是在二重唱，但其实不过是场独角戏，我毫不怀疑我在这里也是同样的，我完全猜不透你。"查尔斯犹豫了一下，然后突然问："你现在，这一刻，在想什么？"

二三十年前，这样的问题确实会让我内心扰动。但是，作为一名日渐成熟的治疗师，我越来越相信，我的无意识会以专业而负责的方式行事，而且我清楚地知道，重要的不是我说了什么想法，而是我愿意表达真实的念头，所以我说了我脑海中出现的第一件事。

"在你问这个问题的时候，我的想法非常奇怪，这是我最近在一个匿名的网站上看到的秘密。其中一段文字是这样的，'我在星巴克工作，当顾客无礼时，我就给他们低咖啡因咖啡'。"

查尔斯抬头看着我，目瞪口呆，然后突然爆发出笑声。"什么呀？这是哪儿跟哪儿啊？"

"你问我在想什么，这就是我脑海中突然出现的东西：每个人都有秘密。让我试着回放这个过程，这个思考历程在几分钟前就开始了，当你谈到现实的本质和你如何编造现实时，我开始想，你说得多么正确啊。现实不只是客观存在的事物，在很大程度上，它是由我们每个人构建或编造出来的。然后，有那么一会儿，请耐心听我说完，你问我在想什么，我想到了德国哲学家康德，以及他对世人的教导，即人类的思维结构极大程度地影响着我们所经历的现实本质。这之后，我开始思考，作为治疗师，我在半个世纪的实践中听到的所有深层秘密。我继续推论，无论我们多么渴望与另一个人融合，都依然会有距离。然后我开始想，你对红色或咖啡味道的体验与我对'红色'和'咖啡'的体验会很不同，我们永远无法真正了解这种差别。有关咖啡的念头就是这样，它让我联想到星巴克的'秘密'故事。但是，对不起，不好意思，查尔斯，恐怕我讲的与你想听的相去甚远。"

　　　　　　　　　　　　　　　　　　　一日浮生

"不，不，一点儿也不。"

"同我说说，在我唠叨的时候，你的脑海中闪过什么呀？"

"我刚才想，'真棒'。我就喜欢你这样讲话。我愿意听你分享自己的想法。"

"好吧，我这儿还有一个刚刚出现的念头，我想起我学生时候在咨询时的一个案例，很久以前的事儿了。来访者是一位男士，他在某个热带岛屿上度过了幸福的蜜月，那是他生命中最美好的时光之一。但在接下来的一年里，婚姻迅速恶化，他们离婚了。后来，他偶然从妻子那里得知，在他们在一起的日子里，包括他们的蜜月中，她一直迷恋着另一个男人。他的反应与你的非常相似。他意识到，那些在热带岛屿上田园诗般的你侬我侬的关系，并不是一种共同的经历，他同你一样，演了一出独角戏。我不记得很多细节了，但我记得他和你一样，感觉现实是四分五裂的。"

"现实四分五裂了……这个说法挺准确，说的是我的状态。这种状态甚至出现在我的梦中。昨天晚上我做了几个冲击力很强的梦，但只能回忆起一点儿了。我在一个洋娃娃的房子里，摸着窗帘和窗户，感觉它们是纸和玻璃纸的那种，特别脆，特别薄，然后我听到很响的脚步声，担心有人会踩到这个房子。"

"查尔斯，让我再次核查一下我们的现实状态。我要提醒你：我后面会持续这样做。你和我现在进行得如何？"

"比其他部分好，我觉得。我的意思是，我们更坦诚了，但仍然有一些距离。不，不是一些距离，有很大的距离，我们没有真正活在一个现实中啊。"

"好吧，让我们继续努力缩小距离吧，你有什么问题要问我吗？"

"嗯，你以前从未问过刚才的问题。嗯，我有很多问题。你怎么看我？现在和我在一个房间里是什么感觉？这个小时对你来说有多难？"

"很好的问题。我只是让我的想法自由流淌，顺其自然，并不试图梳理成一个系统。你所经历的一切令我深受触动，我百分之一百在这个房间里。我喜欢你，我尊重你，我想你知道的，或者我希望你知道。而且我有一个强烈的意愿，想帮助你。我想到你是如何被你父亲离世之事所困扰，他的突然离去，如何深深地刻印在你的整个生活轨迹中。我还想到，你在与詹姆斯·佩里的关系中发现了一些宝贵的东西，可就在你如获至宝后，这些宝贵的东西突然抽离，无影无踪，这对你来说该有多么可怕。我想在你我的互动中，你父亲和詹姆斯的死亡，如影随形，占比颇重。我们来看看整个过程吧。我可以告诉你，当我初次见你时，我内心两种不同的感情在升腾，它们有时会相互干扰。一方面，我想如父亲般对待你；另一方面，我也想帮助你摆脱对父亲的需求。"

查尔斯在我说话时点了点头，目光朝下，保持沉默。我开口问道："查尔斯，你觉得我们现在有多真实呢？"

"我说错话了。事实是，主要问题不在你。是我。有太多

　　　　　　　　　　　　　一日浮生

的东西我一直在隐瞒……太多的东西我一直不愿意说。"

"因为害怕把我吓走?"

查尔斯摇了摇头:"那只是一部分。"

我现在确信我知道是什么原因:是我的年龄。我和其他来访者也经历过这种情况。"因为害怕让我难过。"我说。

他点了点头。

"相信我,照顾我的感受是我自己的事儿,我会和你一起坚持走下去的,试着迈出第一步吧。"

查尔斯松开了他的领带,解开了他上衣的第一个扣子。"好吧,这是昨天晚上的一个梦。我在你的办公室里和你说话,只是它看起来像个木工房,我看到一堆木头和一个大台锯,一个刨子和一台打磨机。然后你突然尖叫起来,抓住胸口,向前倾倒。我跳起来帮助你。我打了911,抱着你直到他们来,然后我帮他们把你放在担架上,还有更多,但这是我记得的全部。"

"关于这个梦,你第一直觉是?"

"嗯,显而易见啊。我很清楚你的年龄,担心你会死亡。木工房的元素也是明显的。在梦中,我把你和莱利先生混在一起,他是我初中时的木工课老师。他很老,对我来说有点儿像父亲的形象,我甚至在初中毕业后还经常去看他。"

"梦中你的感觉呢?"

"很模糊,但我记得有些恐慌,也有不少我可以帮助你的自豪感。"

"你能说出来很好。你能说说你一直避免告诉我的其他梦吗？"

"呃，好吧。这很不舒服，一周或十天前的一个梦一直在我脑子里打转儿。在梦中，我们见面了，就像现在这样坐在这些椅子上，但没有墙，我无法分辨我们是在屋里还是在屋外。你面无表情，向我靠拢，告诉我你的生命只有六个月了。然后……说来真的很奇怪……我试图与你达成一个交易。我教你如何去死，而你教我如何成为一名治疗师。我们都哭得很厉害，其他的事情我不记得了。"

"第一部分很清楚——你当然知道我的年龄，担心我还能活多久。但第二部分呢，你想成为一名治疗师？"

"我不知道该怎么理解这一点，我从来没有想过我可以成为一名治疗师，那超出了我的能力范围。我不认为我能持续直面强烈的感情，我心里确实非常钦佩你。你一直对我很好，非常好，而且总是知道如何把我引向正确的方向。"查尔斯俯身抽出纸巾，擦了下他的额头。

"这对我来说非常困难。你给了我这么多，而我却坐在这里，告诉你关于你的这些可怕的梦，给你带来痛苦。我真不应该这么做。"

"你在这里的任务是与我分享你的想法，而且你做得很好。当然，我的年龄令你担忧。我们都知道，在我这个年龄，81岁，我已经接近生命的终点。你现在正在为詹姆斯悲伤，也在为你的父亲悲伤，你也担心失去我，这是很自然的。81

岁已经老了，老得令人吃惊。当我想到这一点时，我自己也很惊叹。我不觉得自己老，我反复地想，我怎么会变成81岁呢？我以前总是最年轻的孩子——在我的班级里、在我的夏令营棒球队里、在十岁的球队里；现在突然间，我在任何地方都是最老的人——餐厅、电影、专业会议上。我实在不习惯。"

我深吸了一口气。我们静静地坐了一会儿。"在我们继续之前，我想停下来再核查一下，查尔斯。你我现在进展如何？你我之间的差距有多大？"

"差距已经缩小了不少。但这真的很难。这不是正常的对话。通常不会有人对别人说，'我很担心你会死'。这对你来说一定挺痛苦的，而现在你是世界上我最不想伤害的人之一。"

"但这是一个不寻常的地方。在这里，我们可以，或者说我们应该可以坦诚相见，不该有违背诚实的禁忌。请记住，你没有提出任何我不曾深思熟虑的事。这个领域的核心精神之一，是对一切都保持开放的态度。"

查尔斯点了点头。我们之间又出现了短暂的沉默。

"我们今天的沉默比以往要多得多。"我大胆地说。

查尔斯又点了点头："我真的人在心在，完全投入，和你在一起。只是这种讨论让我喘不过气来。"

"还有一件重要的事我想告诉你。不管你信不信，思考生命的尽头会带来积极效应，我想告诉你，几天前我的一个奇怪的经历。当时大约是下午六点，我看到我的妻子在车道的尽头向我们的邮箱伸出手。我向她走去。她转过头来，微笑着。突然间，莫名其妙地，我的思想转移了场景，就在那一瞬间，我想象自己在一个黑暗的房间里，看着一部闪烁的家庭电影，电影中全是我的生活场景，我感觉自己很像《克拉普的最后录像》（*Krapp's Last Tape*）中的主人公——你知道塞缪尔·贝克特（Samuel Beckett）的这部剧吗？"

"不，但我听说过。"

"那是一个老人在生日时的独白，他听着在过去的生日上录制的录音。有点儿像克拉普，我其实想象了一部有关我旧日生活场景的电影。在那里，我看到我死去的妻子带着灿烂的笑容，转身向我招手。当我看着她时，我被凄美而难以想象的悲痛所淹没。然后，突然之间，这一切都消失了，我猛然回过神来，她就在那里，活生生的，容光焕发，脸上洋溢着她美丽的九月般的微笑。一股温暖的喜悦涌上我心头，感恩之心油然而生，她和我都还活着，我急忙去拥抱她，开始我们的晚间散步。"

我无法描述那段经历，一谈就会泪流满面。

我伸手抽了一张纸巾。查尔斯也抽出纸巾擦着眼睛，"所以你是在说，'珍惜已有的幸福'"。

"是的，没错。我是说，预测结局可能使我们更有勇气、以更强大的活力把握现在。"

查尔斯和我都瞥了一眼时钟。我们已经超时了几分钟，他慢慢地收拾他的东西。"我已经筋疲力尽了。"他低声说，"你也一定很累。"

我站直了身子，肩膀挺直。"一点儿也不。实际上，像这样的一次深谈可以使我充满活力。你今天很努力，查尔斯，我们都很努力。"

我为他打开了办公室的门，像往常一样，他离开时我们握了握手。我关上了门，然后突然拍了拍自己的脑门儿道："不，我不能这样做。我不能以这种方式结束这次咨询。"于是我打开门把他叫回来说："查尔斯，我刚刚滑回到一个旧的模式，做的正是我不想做的事。事实上，像今天这种艰苦的深层工作让我感到很累，可以说有点儿筋疲力尽，我很庆幸今天我的日程表上没有其他人。"我看着他，等待着。我不知道在期待什么。

"哦，欧文，我知道。我比你以为的更了解你。我明白你什么时候只是为了疗愈我。"

第 3 章

芭蕾舞者与
爱情刽子手之舞

处在事业巅峰的年轻首席芭蕾舞
者遭遇意外，断送艺术生涯，惨
遭丈夫抛弃，在之后的人生岁月
中一次又一次地处在与爱情刽子
手共舞的危险之中。亚隆如何帮
助这位风韵犹存的老太太抵抗生
而为人的限制？

我感到很困惑。50 年的咨询经历，我以为自己已将人生百态尽收眼底，但我从来没遇到过一个像这样的新来访者，一迈进我的办公室，就向人展示她韶华时的照片。当这个来访者，娜塔莎，一个 70 多岁的胖胖的俄罗斯妇女，紧紧地盯着我时，我正仔细端详着她的照片。她目不转睛地盯着我，这一刻，我如坐针毡。照片中，一个美丽的芭蕾舞演员摆出特别的姿势，用一个脚趾仪态万方地保持着平衡，双手十分优雅地向上伸展着。我把目光转回到娜塔莎身上，她虽然不再苗条，但仍以舞蹈家的优雅姿态滑步走到了自己的座位上。她一定感觉到了，我努力地在她身上寻找年轻舞者的身影。她抬起下巴，稍微转过头来，为我展现出一个清晰的轮廓。也许，因为太多的俄罗斯严冬和太多的酒精，娜塔莎的面部轮廓已经变得粗糙。虽然不及以前那么漂亮，但她仍然颇有吸引力。我再次看向娜塔莎年轻时的照片——一个优雅的化身，令人惊叹。

　　"我不可爱吗？"她腼腆地问，我点点头，她继续说，

"我曾是斯卡拉的首席芭蕾舞演员。"

"你总是用过去式来审视自己吗?"

她将自己拉回到当下。"真是傲慢无礼的问题,亚隆博士。很明显,你已经上过所有治疗师都会上的必修课——不良礼仪课程。尽管如此,"她停顿下来,思量了一会儿,"也许确实如此。也许你是对的。但奇特之处在于,在芭蕾舞演员娜塔莎的个案中,我本人在三四十年前就结束了舞蹈生涯,而且,自从停止跳舞后,我就更快乐了,快乐得多。"

"你 40 年前就不跳舞了?但是今天在这里,你进入我的办公室,给我看你年轻时跳舞的照片。你肯定觉得我对今天的娜塔莎不感兴趣吧?"

她眨了几次眼睛,然后环顾四周,打量着我办公室的装潢。"我昨天晚上做了一个关于你的梦,"她说,"如果我闭上眼睛,我仍然可以看到它。在梦里,我来见你,进入了一个房间。但它不像这个办公室,也许那是你的家。那里有很多人,可能是你的妻子和其他家人。我背着一个大帆布袋,里面装满了步枪和清洁设备,是给他们带的。我看到你在一个角落里被人包围着,我从你的叔本华小说[⊖]封面上的照片知道那就是你。我无法接近你,甚至无法吸引你的目光。梦境还有更多,但我就记得这些。"

⊖ 《叔本华的治疗》,2021 年由机械工业出版社出版。——编者注

"啊，你觉得你的梦和你给我的这张照片之间有什么联系吗？"

"步枪意味着阴茎。我是在长期的精神分析中知道的。我的分析师告诉我，我把阴茎作为武器。当我和我的男朋友谢尔盖——剧院的首席舞者，后来成为我的丈夫——发生争执时，我会出去，喝得酩酊大醉，随便找一个男人，就为伤害谢尔盖。这会让我感觉好一点儿，这法子总管用。但是有效时间很短。非常短。"

"那梦和照片之间有什么联系呢？"

"同样的问题？你坚持要问？也许你在暗示我用这张年轻时的照片来引起你对我的兴趣？这不仅是一种侮辱，而且没有任何意义。"

她拿着照片隆重登场，定是满怀深意，这一点我毫无疑问，但我暂时将这个部分放在一边，直截了当进入正题。"现在，让我们思考一下你联系我的原因。你的电子邮件写明，你将在旧金山短暂停留，十万火急，你我今天和明天必须见面，因为你觉得自己'在生活之中迷失了方向，找不到回来的路'。请你谈谈这个部分。你邮件里强调这是一个生死议题。"

"是的，是的，就是这种感觉。我难以清晰地描述，不过我正在经历严重的事情。我和我的丈夫帕维尔一起来加利福尼亚州，我们做了每次到访都必做之事：他会见了一些重要客户；我们一起见了我们的俄罗斯朋友，开车去了纳帕谷，又去看了旧金山的歌剧，在高级餐厅用餐。但不知何故，这次却不同以往。怎么说呢？俄语的说法是 ostrannaya。意思是'我不是真的在这儿'。所发生的一切都没有沉淀下来。我周围就像布满绝缘体；我觉得并非我在这里，不是'我'在经历这一切。我很焦虑，非常心烦意乱。而且睡不踏实。我希望我能用英语更好地表达。我曾经在美国生活了四年，上过很多课程，但感觉我的英语仍然相当差劲。"

"到目前为止，你的英语表达非常好，你在描述你的感觉方面做得异常出色。告诉我，你是如何解释这一切的？你认为在你身上发生了什么？"

"我很迷惑。我说过自己很久以前就感到有需要，所以进行了为期四年的精神分析，当时我正处于可怕的危机旋涡之中。但即便是在那些日子里，我也没有现在的这种感觉。而且从那时起，我的生活一直不错。我已经痊愈很多年了。"

"让我们试着追溯一下，这种'不在自己生活中'的状态，是什么时候开始的？多久以前？"

"我说不上来。感觉奇奇怪怪，模模糊糊的，很难确定地描述清楚。我知道我们已经在加利福尼亚州待了大约三天了。"

"你给我的电子邮件是一周前写的，那是在你来加利福尼亚州之前。那时候你们在哪里？"

"我们在纽约待了一个星期，然后在华盛顿待了几天，然后飞到这里。"

一日浮生

"在纽约或华盛顿有什么不愉快的事发生吗？"

"没有啊。只是普通的时差问题。帕维尔要参加几个商务会议，而我独自一人去探索。通常情况下，我喜欢探索城市。"

"那这一次呢？告诉我他工作时你到底做了什么。"

"在纽约，我步行。我……用英语怎么说呢？……看人群？看人来人往？"

"是的，看人来人往。"

"所以我先看了人来人往，接着我逛街购物，花了几天时间参观大都会博物馆。哦，是的，我能确定，我在纽约感觉很不错。因为我记得，在一个阳光明媚的日子里，帕维尔和我坐船游览了埃利斯岛和自由女神像，我记得我们都很惬意。所以应该是在纽约之行以后，我才开始状态变差的。"

"试着回忆一下去华盛顿的旅行。你做了什么？"

"我做了我惯常做的事情，遵循着一贯的模式。我每天都参观史密森尼博物馆：航空航天博物馆、自然历史博物馆、美国历史博物馆，还有，哦，是的，是的！当我参观国家美术馆时，发生了一件特别的事情。"

"发生了什么呢？试着描述一下吧。"

"当我看到外面有一条巨大的横幅，宣布举办芭蕾舞历史展览时，我非常兴奋。"

"嗯，然后发生了什么？"

"我一看到那条横幅，就冲进了画廊，非常兴奋，我推推搔搔地走到了队伍的前面。我在寻找什么。我相信我在寻找谢尔盖。"

"谢尔盖？你是说你的第一任丈夫？"

"是的，我的第一任丈夫。除非我向你描绘一些我的生活片段，否则这部分对你来说不会有真正的意义。我可以介绍一下我的一些高光时刻吗？为了这个演讲，我都排练了好几天了。"

我担心她一进入登台状态，她的演讲可能会耗尽我们所有的时间，于是回答说："可以，简单的总结会有帮助。"

"首先，你必须知道我非常缺乏母爱，'缺乏母爱'的感觉是我一生中精神分析的重点。我出生在敖德萨，父母在我出生前就分开了。我从来没有见过我的父亲，我的母亲也从来没有提到过他。我母亲几乎不谈任何事情。可怜的女人，她总是生病，在我十岁前，她因癌症离世。我记得在我的十岁生日聚会上……"

"娜塔莎，抱歉打断你，但我有个难题。相信我，我对你所说的一切都很感兴趣，但同时，我必须在这里当计时员，因为我们只有两次咨询，而且，为了你，我想有效地利用我们的时间。"

"你说得很对。当我在台上时，我忘记了时间。我现在要赶时间，我向你保证直奔主题，决不绕道。总之，我母亲去世后，她的双胞胎妹妹奥尔加姨妈把我带到了圣彼得堡，把我养大。奥尔加姨妈是个善良的人，她总是对我很好，但她必须养活自己——她还没有结婚，她工作很努力，很少有时间陪我。她是出色的小提琴手，一年中大部分时间随交响乐团到处演出。她知道我是一个很好的舞者，在我来到这里一年后，她为我安排了面试，因为我表现优异，她把我送到瓦加诺娃芭蕾舞学院，我在那里度过了八年。我成了一名优秀的舞者。18岁时，我收到了基洛夫剧院的歌剧和芭蕾舞剧院的邀请，在那里我跳了几年。也是在那里，我遇到了谢尔盖——我们那个时代最伟大的舞蹈家、花花公子，一个自傲自负的人，也是我生命中的终极挚爱。"

"你用的是现在式？他还是你生命中的终极挚爱？"

她对我的打断有点儿恼火，尖锐地说道："请让我继续。你让我赶时间，我也在赶时间，但我想用我自己的方式来讲述这一段。谢尔盖和我结婚了。而且，当他接受了意大利斯卡拉剧院的邀请时，他和我离开了家乡。现在我必须讨论一下谢尔盖，他在我的生活中起到了主导作用。我们结婚后不到一年，我就被疼痛折磨得崩溃了。医生告诉我，我得了痛风。告诉我，你能想象对一个芭蕾舞演员来说，还有什么比这更具有灾难性的疾病吗？不，没有！痛风迫使我30岁之前就结束了我的职业生涯。然后，我的爱人谢尔盖做了什么呢？他立即离开了我，去找另一个舞者。我又做了什么？我变得非常疯狂，我差点儿用酒精杀死了自己，也差点儿用一个破酒瓶杀死了他，我在他的脸上划下了疤痕，以此让他记住我。我的姨妈奥尔加不得不来把我从米兰精神病院带走，并把我带回了俄罗斯，就在那时我开始了拯救我生命的精神分析。我姨妈找到了全俄罗斯唯一的精神分析学家，他那时地下执业。我的大部分分析都是关于谢尔盖的：关于克服他给我带来的痛苦，关于永远戒酒，关于结束我那些浅薄的、接连不断的风流韵事。也许还有关于学习如何去爱——爱自己和爱别人。

"当我的状况有所改善之后，我上了大学。在学习音乐时，我很快发现，我有拉大提琴的天赋——这令我惊讶不已。我的天赋虽然不足以表演，但足以教学。从那时起，我就一直是一名大提琴老师。我的丈夫帕维尔是我的第一批学生之一。他是我见过的最差的大提琴手，却是个很好的人，而且后来我发现，他还是个非常聪明和成功的商人。我们相爱了，结婚了，一起过着漫长而美好的生活。"

"非常简洁，并且出奇地清晰，娜塔莎。谢谢你。"

"正如我所说，我已经在心里预演了多次。你明白为什么我不希望有任何打断吗？"

"是的，我明白。所以现在让我们回到华盛顿的国家美术馆。顺便说一下，如果有什么话你不明白，请打断我，直说即可。"

"到目前为止，我什么都明白。我的词汇量很好，我读了很多美国小说以保持我的英语水平。现在我读的是《雨王汉德森》（*Henderson the Rain King*）。"

"你的品味很好。那是我最喜欢的书之一，而贝娄是我们伟大的作家之一，尽管他不是陀思妥耶夫斯基。我们回到展览上。听你讲述之后，我可以理解，展览有多么地让你心潮起伏。告诉我到底发生了什么。你说你是去找谢尔盖的，那位你说'是你一生挚爱'的人？"

"是的，我现在非常确定，谢尔盖是我所寻找的目标——我进入展览厅时的秘密目标。我的意思是，即使对我自己而言，当时也隐晦不明。我生命中的爱不一定浮现于我的意识部分。你，一个著名的精神学专家，应该明白这一点。"

"哎哟！真是罪过！"我发现她的轻声调侃相当有魅力，而且很有活力。

"我原谅你——就这一次。现在说说展览。他们展示了很多早期俄罗斯大剧院和基洛夫剧院的海报，其中一张挂在入口处，是一张谢尔盖在《天鹅湖》中像天使一样在空中飞行的惊人照片。这张照片有些模糊，但我肯定那是谢尔盖，尽管没有给出他的名字。我在整个展览中找了几个小时，但没有提到他的名字，一次也没有。你相信吗？谢尔盖曾经是像神一样的存在，但现在他的名字已经不存在了。现在我想起了……"

"什么？你想起什么？"

"你问我什么时候开始失去自我。那时就发生了。我记得我走出那个展览的时候，就好像处于一种恍惚状态，从那以后我再没感觉到自己的存在。"

"你是否记得在博物馆里也在寻找自己？寻找图片或哪里提到你的名字？"

"我不太记得那一天了。所以我必须重建它。这个词对吗？"

"我明白。你必须重构它。"

"是的，我必须重构这次参观。我想，我对谢尔盖不在其中感到非常震惊，我对自己说，'如果他不在那里，我怎么可能被包括在内'，但也许我确实曾以一种胆怯的方式寻找自己。有一些未注明日期的斯卡拉舞剧《吉赛尔》的照片——有两季我都是扮演米莎——我确实记得我极为仔细地端详一张照片，我的鼻子无意间碰到了它，警卫跑过来，对我怒目而视，指着地板上的一条虚线，告诉我不要越过它。"

"这似乎是一件很人性化的事情，你在那些历史照片中寻找自己。"

"但我有什么权利去寻找自己？我再说一遍——我还是不认为你已经明白了。你没有在听。你没有理解谢尔盖是个神，他在云中翱翔于我们众人之上，而我们所有人，所有其他的舞者，都如孩童一样在雄伟壮阔的飞艇上仰视凝望着他。"

"我很疑惑。让我总结一下迄今为止我所知道的谢尔盖。他是一个伟大的舞者，而你们两个人在俄罗斯表演。然后，当他到意大利跳舞时，你选择和他一起去，然后嫁给他。然后当你得了痛风后，他迅速抛弃了你，和另一个女人好上了，这时你变得非常不安，用一个破瓶子打了他。到目前为止对吗？"

娜塔莎点了点头："对。"

"在你和你姨妈离开意大利后，你和谢尔盖还有什么联系？"

"没有。什么都没有。我再也没见过他。再也没有听到他的消息。一个字也没有。"

"但你一直在思念他？"

"是的，起初，当我听到有人提到他的名字时，我就会对他念念不忘，不得不以头撞物，把他从我的大脑中敲出来。最终，我把他从我的记忆中抹去。我把他删掉了。"

"他对你造成了巨大的伤害，所以你把他从你的记忆中删除了。但上周你走进国家美术馆的展览，把他当作'是你一生挚爱'，寻找他，然后对他被忽视和遗忘感到愤怒。你看到我的不解了吧。"

"是的，是的，我理解你。前后矛盾巨大，我同意你的说法。去看那个美术馆的展览，就像在我的脑海中进行一次挖掘。就像我盲目地击中了一个巨大的能量脉络，现在能量已经喷涌而出了。我说话的方式很笨拙。你明白我吗？"

当我点头时，娜塔莎继续说："谢尔盖比我大 4 岁，所以他现在大约是 73 岁。就是说，如果他还活着的话，他是这个岁数。然而，我无法想象一个 73 岁的谢尔盖。这是不可能的。相信我，如果你认识他，你会明白的。在我的脑海中，我只看到海报上那个年轻漂亮的舞者在空中永远地滑翔着。我有他的消息吗？没有，自从很久以前我划了他的脸之后，他便音信皆无！我可以找到答案。我也许可以在互联网上搜到他，也许可以在脸书上发现他的踪迹，但我不敢去搜索。"

"你害怕什么？"

"什么都害怕。害怕他已经死了，或者他仍然美丽并且想要我。我们会发电子邮件，我心中的痛苦将无法忍受，我将再次坠入爱河。我会离开帕维尔，去找谢尔盖，不管他在哪里。"

"你说得好像你和谢尔盖的生活只是时空冻结，存放于宇宙中的某处。一旦你重温它，每一件过往——相互的爱、飞扬的激情，甚至是充满青春活力的美——都会回到从前，全无二致。"

"太对了。"

"而事实是，现实生活中，谢尔盖要么已经死了，要么看起来像一个73岁的皱巴巴的老人，很可能是白发苍苍或完全秃顶，可能有些驼背，可能对你们在一起的时间有完全不同的感受，也许每次他在镜子里看着自己伤痕累累的脸时，都不会对你有什么好印象。"

"你想怎么说就怎么说吧，但此时此刻，我不会听你说什么。一个字都不听。"

时间到了，当她走向门口时，她注意到桌上有她的照片，并开始回来拿它。我把它拿起来，递给她。她一边把照片放回她的钱包，一边说："明天见，但不要再提这张照片了。删掉它！"

"我今晚飞往敖德萨，"她在我们开始第二天的工作时说，

"因为你，我睡得很不舒服，所以我并不很遗憾这是我们最后一次见面。你关于谢尔盖的话很残酷，你知道。非常残酷。请回答这个问题。你对你的所有病人都这样说话吗？"

"可以换个角度，把我的话当作赞美——我对你身上所见之力量的赞美之语。"

她带着略显疑惑的表情，抿了抿嘴唇，开始想回应，但随后忍住了，没有开口，转而长时间地看了看我。她长呼了一口气，靠在椅子上。然后她才开口道："好吧，我听你说说。我已经准备好了。洗耳恭听，随时等待。"

"请先说说昨晚让你睡不着的思绪吧。"

"我只睡了一小会儿，因为大部分时间我都被一个梦境困扰着，这个梦境不断地出现一个又一个版本。我和一些人一起访问索马里，突然间我找不到其他人了，只剩自己。我意识到我可能是在地球上最危险的地方，我感到很恐慌。然后，在一个版本中，我走在一个荒芜的街区，敲门，发现它们都被拴住了，周围没有人。在另外一个版本中，我进入一个荒废的房子，躲在壁橱里，因为我听到外面响亮的脚步声在靠近。或者，在又一个版本中，我用手机给我的代表团打电话，但我不知道我的位置，所以我不能告诉他们我在哪里。我建议他们带着灯笼，挥舞着灯笼，这样我就能从窗口看到他们。但后来我意识到我在一个巨大的城市里，这是一个不会带来任何希望的建议。"

"就这样过了一整夜，我在恐怖中，等待着一些恐怖的人找到并带走我。"她把手放在胸前，"直到现在我的心还在怦怦跳，我只不过是向你讲述这个梦而已。"

"一个持续整夜的噩梦。多么可怕啊！你对这个梦有什么预感？想一想，想到什么就告诉我。"

"我前几天在报纸上读到了一些关于暴行和杀戮的内容，但我不让自己读太多。读完这样的东西后，我总是有一个糟糕的夜晚。如果我在电视上看到杀戮，我就会把它关掉，我也数不清多少次我出于同样的原因，在电影放映中提前离场了。"

"继续说。告诉我你记得的那个梦的全部内容。"

"就这些了。我在某个地方，一次又一次地，我的生命处于危险之中。"

"想想那句话，'我的生命处于危险之中'。请做自由联想，我的意思是，你试着让你的思想自由运行，就像从远处观察它一样，描述所有出现的想法，就像你在看一个屏幕一样。"

娜塔莎呼了一口气，闪过一丝气愤的神色，然后把头靠在椅背上，低声说："我的生命有危险，我的生命有危险。"然后渐渐沉默下来。

一两分钟后，我催促她："请再大点儿声。"

"我知道你想听什么。"

"而且你不想对我说。"

她点了点头。

"试着想象一下，"我继续说，"你今天在这里继续保持沉默，直到我们的时间结束。想象一下你要离开我的办公室。那时你会有什么感觉？"

"好吧！我会说的！我的生命当然有危险！我已经69岁了。我还剩多少生命？我的生活，我真正的生活，都在逝去。我真正的生活！"

"你真正的生活？你是说在舞台上，和谢尔盖跳舞？"

"你跳过舞吗？"

"只有踢踏舞。我曾经模仿过弗雷德·阿斯泰尔（Fred Astaire）的所有舞步，有时在家里，有时在外面的大街上。"娜塔莎的眼睛一下子睁开了，她吃惊地盯着我。

"我是在开玩笑。我是世界上最差的舞者之一，但我是一个狂热的观察者，我能想象你在那些鼓掌的众多观众面前表演是多么光荣的事。"

"作为一个精神病学家，你相当俏皮，你知道的。还有点儿性感。"

"这对你来说怎么样？"

"恰到好处。"

"很好。那就给我讲讲那时的真实生活吧。"

"那时生活是如此令人振奋：人群、摄影师、天籁般的音乐、服装，还有谢尔盖——相信我，世界上最英俊的男人之一——还有酒精和舞蹈的沉醉，是的，还有狂野的性。这之后发生的每一件事都相形见绌，苍白无色。"娜塔莎说话时一直坐在椅子边上，现在她重新放松下来，向后靠去。

"你现在的想法是什么？"

"有件事我应该告诉你。最近我一直有一个奇怪的想法，我现在生活的每一天，即使是非常好的一天，也同样是悲伤的一天，因为它使我离我的真实生活越来越远。这不是很奇怪吗？"

"就像我刚才说的。就好像现实生活仍然悬浮于空中的状态。如果我们有合适的交通工具，我们可以去那里，你可以带我参观，指出所有熟悉的东西。你明白我的意思吗？"

当娜塔莎点头时，我继续说："某种程度上讲，这个想法是理解你博物馆之行的关键。你不仅仅是在寻找谢尔盖；你是在寻找你失去的生活，尽管你头脑中的成人部分知道，一切都是短暂的，过去只存在于头脑中，你早期的世界现在只是一个记忆，一个储存在你大脑某个地方的电子或化学信号。"

"娜塔莎，"我继续说，"我理解你在生活中的处境。我比你大很多，我也在处理同样的问题。对我来说，关于死亡，最黑暗的事情之一是，当我死后，我的整个世界——也就是我的记忆世界，那个由我所认识的每个人组成的丰富世界，那个似乎扎根于花岗岩的坚固世界——将和我一起消失了。噗！就像这样。过去几周，我一直在清理成箱的旧文件和照片，我看着它们，也许是我童年街区的某条街道的照片，或者是一些还在世的人已经不认识了的某个朋友或亲戚的照片，

　　　　　　　　　　　　　　一日浮生

然后我把它们扔掉，每次我这样做，我都看到我以前的真实世界的碎片在剥落，我的内心忍不住会颤抖。"

娜塔莎深吸了一口气，用柔和的声音说："我理解你说的一切。谢谢你告诉我这些。当你分享自己的世界时，对于我，这些话意味深长。我知道你说的是事实，但我很难接受这样的事实。我告诉你，现在，在这个非常时刻，我感觉到谢尔盖在我的脑海中震动。我知道他挣扎着要留在那里，留在我的记忆中，永远地跳舞。"

"我还想说一些关于谢尔盖的事情，"我告诉她，"我认识很多人，他们参加高中同学聚会，立即坠入爱河，有时是与一个旧男友，但更多是与一个他们并不熟悉的人。许多人因此步入了晚年婚姻，有些是成功的，但有些是灾难性的。我相信他们中的许多人是通过想象而爱上的，也就是说，他们爱的是年轻时的快乐，爱的是他们早期的学生时代，爱的是他们对激动人心的生活的梦幻般的期待，这些场景在他们面前神奇而不可思议地延伸着。但这并不是爱上了某个人，而是让那个人成为他们年轻时所有快乐的象征。我想说的是，谢尔盖是那段神奇的青春时光的一部分，因为他当时在那里，所以你给他注入了爱，也就是说，你把爱注入到他身上。"

娜塔莎仍然沉默不语。几分钟后，我问道："在这沉默的过程中，你的脑海中掠过什么？"

"我在想你的书名《爱情刽子手》(*Love's Executioner*)。"

"而你觉得我在和你一起做爱情的刽子手？"

"你不能否认这点？"

"请记住，你告诉我你爱上了帕维尔，并和他过上了美妙的生活，当你这样说的时候，我对你和他除了感到高兴之外，什么感觉也没有。所以我盯上的不是爱情。我的猎物是爱情的幻影。"

沉默。

"请大点儿声。"

"我听到了这样一个柔和的声音，一声耳语，内在的声音。"

"它说什么？"

"它说，'该死的，我不会放弃谢尔盖的'。"

"这需要时间，你必须按照自己的节奏去做。让我问你一个不同的问题。我想知道，自从我们开始咨询后，你是否经历了任何变化？"

"变化？你是什么意思？"

"昨天你描述了那种可怕的头晕目眩的感觉，觉得自己置身于生活之外，没有亲历任何事情，没有存在感。现在这种症状有什么不同吗？在我看来，你在我们的咨询中非常投入。"

"我不能否认，你是对的。我不可能比现在更'临在'。把我的脚放在沸腾的油中确实能有力地集中我的思想。"

"你认为我很残忍？"

"残忍？不完全是残忍，而是强硬，真正的强硬。"

我瞥了一眼时钟。只剩下几分钟了。如何最有效地利用它们？

"我想知道，娜塔莎，你是否有问题想问我？"

"嗯，这很不寻常。是的，我有一个问题。你是怎么做的？你是如何面对80岁高龄，并感到终点逐渐临近的？"

当我思考我的回答时，她说："不，我才是残忍的人。请原谅我，我不应该问这个问题。"

"你的问题没有任何残忍之处。我喜欢你问这个问题。我正在努力搜集并拼凑一个诚实的答案。叔本华有一句话，把爱的激情比作耀眼的太阳。当它在晚年变暗时，我们突然意识到被太阳遮蔽或隐藏的奇妙的星空。所以对我来说，年轻时的激情（有时是暴虐的激情）的消失，使我更加欣赏星空灿烂和所有生命鲜活的奇迹，以及以前我视而不见的奇事。我已经步入了80岁这个阶段，我要告诉你一些不可思议的事。我感到前所未有的安好和安宁。是的，我知道我的存在即将结束，虽然从一开始就有结束的可能。现在不同的是，我珍惜纯粹的意识的乐趣，我很幸运地可以与我的妻子——我几乎一生中都熟识的她，分享这些乐趣。"

"谢谢你。我再次告诉你，你述说的亲身经历，对我来说非同小可。有趣的是，就在你说话的时候，本周早些时候我做的一个梦涌入我的脑海。我已经忘记了，但它刚刚回来了，而且现在非常清晰。我走在一条偏僻的路上，不知怎的，我知道最后一个走这条路的是我的狗，巴鲁。然后我看到路边的巴鲁，走到它身边，俯下身子，直视它的眼睛。我想，你和我都是活生生的灵魂，然后我又想，我也不比它好多少。"

"那伴随着这个梦的感受呢？"

"起初我很高兴能再次见到我的狗。你看，巴鲁在我们去美国的三个星期前就死了。它是我16年来的伙伴，我很难从悲伤中走出来。事实上，我喜欢我的美国之行，因为我认为这可能有助于我克服悲伤。你养过狗吗？如果没有，你就不会明白。"

"不，虽然我是个爱猫人士，但我想我能体会你的痛苦之深。"

她犹豫了一下，点了点头，好像她对我的回答很满意。"是的，很深。我丈夫说太深了。他认为我对巴鲁的感情太深了，它成了替代性的孩子。我想我没有告诉你，我没有孩子。"

"所以，在梦中，你走在巴鲁几周前走过的路上，然后你深情地看着它的眼睛说，'我们都是活生生的灵魂，我并不比你好'。你认为这个梦传达着什么？"

"我知道你会怎么想。"

"告诉我。"

"那就是我知道我正像巴鲁一样走在通往死亡的路上。"

"像所有活着的灵魂一样。"

"是的，像所有活着的灵魂一样。"

"而你，你怎么想？"

"我认为这整个谈话对我来说使事情变得更糟。"

"让你更不舒服了。"

"再来几次这样的疗程，我就需要坐救护车回家了。"

"你昨天描述的所有症状——脱离生活、被隔离、不在你的生活中——都是为了麻醉你自己，让你远离作为一个活着的灵魂所固有的痛苦。让我们来看看我们是如何开始的。你带着你的照片进入我的办公室……"

"哦，不，不要再这样了！"

"我知道你禁止我讨论这些，但我不能悉听尊便，因为这部分太重要了。请听我说说。你已经知道这一切了。我不会告诉你任何你不知道的事情。只是，抵御身外之思易，抵御内心之热望难。我相信，你也能得出同样的结论。这一切都关乎与巴鲁的同路之梦。我很惊讶，你的梦为我们的谜题提供了钥匙，就在我们准备停下来的时候，你的梦浮出水面，又把你带回来，而你一开始给我的照片是在暗示我应该同你走向何方。"

"你说我知道这一切？过奖了，太高看我了。"

"我不这么认为。我只是站在你的智慧之所。"

我们都看了看钟。我们已经超时好几分钟了。当娜塔莎站起来收拾东西时，她说："如果我有更多问题，可以通过电子邮件或 Skype 联系你吗？"

"当然可以。但请记得，我正走向衰老。所以不要等太久。"

第4章

谢谢你，莫莉

遭遇一次又一次亲人丧失的斯坦福医院医生，深陷死亡恐惧的泥潭，疗愈竟然发生于亚隆的无心插柳之举。柳暗花明又一村……

几个月前，我参加了莫莉的户外葬礼。她长期担任我的私人会计，也是我的"万事通"助手。

　　莫莉为我工作了几十年，既是"上帝特派员"，又是我的"眼中钉"。我第一次雇用她是在 1980 年。那是我的休假年，我在亚洲和欧洲旅居和写作，她则在本地为我收邮件和支付账单。当我结束休假重返工作时，很快地，莫莉就对她的角色感到不满，并逐渐开始插手我所有的家务事。她迅速地接管了所有的财务、家务，支付账单，处理信件，并将文件、手稿和合同归档。她解雇了我的花匠，组建了自己的园艺团队，后来又组建了自己的油漆工、清洁工和勤杂工队伍——如果是小工程，她就坚持亲力亲为。

　　谁也不能阻止她的步伐。一日，我回到家，发现我们的车道上停了几辆卡车，莫莉站在一棵巨大的橡树下，向爬在百英尺[⊖]高树上的工人喊话，告诉他应该把哪些树枝锯掉。

　　⊖　1 英尺 =0.3048 米。

我很惊讶她竟然没有亲自上树。她坚持说她已经和我讨论过这个项目，但我确信她根本没有这么做过。这成了压死骆驼的最后一根稻草，我当场解雇了她，并在其他至少三个场合多次解雇了她，但她根本不屑一顾。每当我抗议她的收费时，她就会恰到好处地提醒我，在她出现之前，我和我的妻子熬过了多少折磨人的夜晚，用于支付账单和平衡我们的支票簿。然后又建议我每个月多接几个病人，用以支付她的工资。她坚信她无可替代、世界唯一，而我也从未发出干净彻底的解雇令，亦未表达百分百的反对。我心底知道她完全正确。她死于胰腺癌时，我非常悲痛，我知道她永远无人可替。

莫莉的葬礼在她儿子家巨大的后院举行。那是一个阳光灿烂的下午，我很惊讶地看到几个斯坦福医院的同事也在那里。我不知道他们也是她的客户，但我记得她遵守严格的保密守则，坚定地拒绝透露她任何客户的身份。追悼会结束后，我立即起身离开，准备去机场接一些朋友，但就在我打开通往街道的大门时，我听到有人叫我的名字，我一转身，看到一个戴着迷人的宽边巴拿马帽的庄重老人，在一个极其可爱的女士的陪同下向我走来。看到我没有立即认出他，他自我介绍说："我是阿尔文·克罗斯，这是我的妻子，莫妮卡。多年前，我找你做过治疗。"

我讨厌这些尴尬的场面。面部识别向来不是我的强项，而且随着我的年龄不断增长，它更是每况愈下。那时，我觉得如果这个以前的病人知道我不记得他，那对他会是一种伤害，所以我拖延时间，等着、盼着关于他的记忆浮现出来，飘入我的脑海。"阿尔文，很高兴见到你。也很高兴见到你，莫妮卡。"

"欧文·D. 亚隆，"她说，"见到你真是太高兴了。我从阿尔文那里听说了很多关于你的事情。因为有你，我们相遇、相知，进入婚姻，有了两个很棒的孩子，你功不可没。"

"听到这话真是欢喜。很抱歉，我的回忆慢如蜗牛，阿尔文，但几分钟后我就会想起我们在一起时的一切——在我这个年龄就是这样。"

"我当时是，现在仍然是，斯坦福医院的一名放射科医生，在我弟弟死后不久就来找你了。"阿尔文说，试图激活我的记忆。

"啊，是的，是的，"我溜出一句谎话，"从前的场景慢慢浮现出来。我真的很想和你长谈，了解你治疗后的生活，但我要赶去机场接朋友。我们能不能在本周晚些时候见面喝咖啡，聊一聊？"

"乐意之至。"

"你还在斯坦福医院？"

"是的。"他从钱包里拿出名片，递给我。

"谢谢，我明天给你打电话。"我一边说，一边匆匆离开。我为自己的记忆姗姗来迟而感到羞愧不已。

当天晚上，我到我的储藏室去找我关于阿尔文的文档。当我翻阅我的来访记录文件时，一个又一个故事浮现眼前：

所有故事都令我铭心刻骨，其中多数令人振奋，少数则悲惨伤感。每一个故事都会引发我的记忆——我记起自己曾经全然投入的、那惊心动魄的一幕又一幕双人剧，并很难从这些被遗忘的相遇中抽离出来，全身而退。

我在1982年的文档里发现了阿尔文·克罗斯的档案，虽然我只见了他12个小时，但这是一份厚厚的档案。在那些电脑尚未问世的日子里，我很奢侈地有个私人秘书，并通过口述对每一次咨询都做了详细的记录。我打开阿尔文的文件，开始阅读。没过几分钟，当年的那段相遇便栩栩如生，呼之欲出。

阿尔文·克罗斯是斯坦福医院的放射科医生，他来电要求为一些个人问题进行咨询。大多数我见过的斯坦福医院的医生都会非常准时地来咨询，有的则会迟到几分钟，鬼鬼祟祟地溜进我在斯坦福医院的办公室，因为他们担心别人看见他们找心理医生。但是克罗斯医生没有如此行事。他悠闲地坐在诊所的等候室里，翻阅着杂志。当我走近他并介绍自己时，他紧紧握住我的手，平静和自信地踱步走进我的办公室，挺拔地坐在椅子上。

我以首次治疗通常的方式开始，分享我的所知所想："我对你的了解，克罗斯医生，来自我们的电话交谈。你是斯坦福医院的医生，你在我最近的医院大查房的报告中，听到了我对乳腺癌死亡患者的心理治疗工作的介绍，所以，你认为我可能会对你有所帮助。"

一日浮生

"是的，是这样的。你做了一个令人耳目一新、不同寻常的报告。我参加了多年的大查房，这是我首次听到有关于人类感受的呈现，而非例行的幻灯片、数据或病理报告。"

这是我对阿尔文·克罗斯的第一印象：一位30多岁的男性，庄重、富有魅力，五官端正，太阳穴鬓发微微发灰白，说话时自信满满。他和我穿着同样的衣服，白色的医院大褂，我们的名字均以深蓝色的草书字母，缝在左上口袋处。

"那么告诉我，我在大查房时说了什么，让你觉得我可以对你有所帮助？"

"你似乎对你的病人怀有温柔之情，"他说，"我被你的描述吓了一跳，你说一个肿瘤学家毫无情感，平常稀松地告知病人她的放射扫描结果。而病人在得知她的癌症已经转移时，深感恐惧。她紧紧地抱着她的丈夫——她对自己被判处了死刑，惊恐不已。"

"是的，我记得。但请告诉我，这部分与你我今天的见面有什么关系？"

"嗯，我是写那些'死刑判决书'的人。我写这种报告已经很久了，有五年了，但你的报告以一种不同的方式让我明白了我工作的意义。"

"让它更人性化？"

"正是如此。在我们的放射科观察室里，我们看不到病人本身。我们在寻找钙化的区域或增加的结节尺寸；我们寻找可以给学生看的奇怪现象——被肿块挤移位的器官，骨髓瘤中脱钙的骨头，膨胀的肠子，多余的脾脏。我们只关注局部，就是躯体部分，从没有考虑过全人和全身。但现在我会想到病人的感受，以及当医生宣读我写的 X 光报告时，那些人脸上会是什么表情。想到这些，我内心就有点儿动摇了。"

"这是最近的变化吗？从听到我的报告开始？"

"哦，是的，就在最近，而且，部分原因是你的报告。否则，这些年我不可能完成职能任务，谨守工作，发挥作用。我明白，你不会想让一个对你在听到报告后可能产生的感觉而感到紧张的人，来宣读你的 X 光报告。"

"当然。你我的专业领域相隔千里，有天壤之别，不是吗？我努力靠近病人；你努力和病人保持距离。"他点点头。我继续说："但你说，你的变化'部分'是源于我的演讲。那么其他的原因呢？有任何预感吗？"

"不仅仅是预感。这与我弟弟几个月前的死亡相关。在他死前几周，他让我看他的片子。他患有肺癌，是重度吸烟者。"

"讲讲你和你弟弟的事情吧。"作为一名精神科住院医师，我被教导要进行高度系统的访谈，从主诉开始，然后遵循流程：先是当前的疾病史，然后是对病人的家庭、教育、社会生活、性发展和职业史的描述，然后再进入复杂的精神检查。但我无意遵循任何模式，我已经几十年没有这样系统地遵从流程了。像所有经验丰富的治疗师一样，我在收集信息的过程中，更多的是凭直觉行事。我已经非常信任我的直觉，我

　　　　　　　　　　　　　　一日浮生

怀疑我不再是新手的好老师，因为他们在早期更需要有条理的指导。

"当我的弟弟杰森打电话来请我为他的医学片子提供咨询时，"克罗斯博士说，"那是我在15年多的时间里第一次听到他的声音。我们曾经闹翻过。"他叹了口气，抬头看着我，嘴唇在颤抖。我很惊讶看到这一点。这是我第一次看到他脆弱的一面。

"告诉我吧。"我现在说话更温柔了。

"杰森比我小两岁——以前同我差两岁——我想我是一个很难超越的人。我总是'别人家的孩子'，总在班上名列前茅。每当可怜的杰森来到一所新学校，迎接他的都是我的老师们——他们谈论到我，说他们希望他也能成为我这样的学生。最终，他选择不参加竞争，选择全身而退。在高中阶段，他很少看书，而且有严重的毒品成瘾行为。也许他是没有能力与我竞争。我不认为他有多聪明。

"在高三结束时，他与一个女孩交往，这个女孩最终决定了他的未来。她是一个吸毒者，长相不错，但智力有限。她的人生理想是成为一名美甲师。他们很快就订婚了，一天晚上他带她回家吃饭。那是一场典型的灾难。我仍然可以看到那一幕，他们两个人，没有洗漱，不修边幅，一直在亲热，在所有人的面前炫耀。我的父母和祖父母都感到震惊和厌恶。坦率地说，我也是。

"家里的每个人都讨厌他的女朋友，但没人发话，因为他们知道，杰森会故意背道而驰。所以我的父母让我负责警告杰森注意其女友。他们还让我保证绝口不提是他们让我来进行的干预。我和杰森进行了一次大哥哥式的谈话，并向他说明了一切。我告诉他，婚姻是一个重要的决定。他想从妻子身上得到更多的时刻很快就会悄然而至，而那时，她会拖累他的。第二天早上，我们醒来时，发现他已经离开了，还带走了家里所有的钱和银器。从此他再也没有和我们任何人联系过。"

"家里人把你推到台前，独自面对困境，谈一个该死的话题。做与不做，你都左右为难；进退皆为诅咒。家里还有其他兄弟姐妹吗？"

"没有，只有我们两个。现在回想起来，我觉得也许我可以成为一个更好的大哥，我应该在几年前更努力地去联系杰森。"

"让我们在这个问题上打上标签，以后再来讨论这个问题。首先，告诉我，你弟弟离开后发生了什么。"

"他直接消失了。从那时起，我们偶尔听到一点儿从他的熟人那里传来的零星信息。他在做建筑工作，然后是石匠。我听说他在这方面做得相当好，后来他去建造壁炉和石墙。他继续使用大量毒品。然后，在几个月前，一个电话从天而降。'阿尔文，我是杰森。我得了肺癌。你能看一下我的 X 光片吗？我的医生说你可以看一下的。'

"当然，我同意了，并问了他医生的名字，答应当天就与他联系。我发现杰森住在北卡罗来纳州，我问我是否可以去看他。他停顿了一下，很久，久到我都以为他挂了电话，最后，他同意了。"

我看着克罗斯医生的脸。他看起来情绪紧绷，极其悲伤，我担心这对于他是否过于沉重，过于迅速。我们几乎没有预热，就跳入了至深至暗的水中。我给了他一个喘息的机会，请他思考我们从开始至此都发生了什么。

"我的计划，正如我在电话里告诉你的那样，我们今天见面协商，看看开始治疗是不是一个好主意。你以前接受过治疗吗？"

他摇了摇头。"没有，我从未接触过心理治疗。"

"好吧，告诉我，克罗斯医生……"

"如果你不介意的话，叫我阿尔文就可以了。"

"好吧，而我是欧文。那么告诉我，阿尔文，到目前为止和我谈话是什么感觉？似乎我们很快就进入了一些沉重的感情议题。这也许过快了？"

他摇了摇头。"一点儿也不。"

"我们上道了吗？这是你希望讨论的吗？"

"我对杰森之死的反应正是我想讨论的。我只是惊讶不已，带着欣喜的惊叹，我们已经在道上了。"

"到目前为止有什么问题要问我吗？"我问，想建立自由交流的范式。

他似乎很疑惑，然后摇了摇头，说："没有，我最想做的是告诉你这个故事。我需要把这件事和盘托出。"

"请继续吧。"

"所以在杰森的电话之后，我跳上了飞往北卡罗来纳州的飞机，去看他。在罗利，我首先在他的医生办公室停了下来，查看了片子。杰森的肿瘤是致命的。它已经渗透到他的左肺，并转移到他的肋骨、脊柱和大脑。没什么希望了。

"我在高速公路上开了一个小时，然后沿着北卡罗来纳州的一条土路再开了三英里[⊖]，来到一栋破旧的房子前。虽然里面有一个他为自己建造的、令人印象深刻的石壁炉，但那个住处其实只是一个小棚子。我对他的外表感到震惊。癌症已经发挥了大部分效力，把我弟弟变成了一个老人。杰森很憔悴。他的身体弯曲着，脸色苍白，疲惫不堪。而且他不停地吸食大麻。当我抱怨烟雾让我不适时，他改抽烟草了。'得了肺癌还抽这个，可不太好。'我几乎脱口而出，但我忍住了。看过他的片子后，我知道我的话毫无意义。所以我坐在那里，看着我癌症缠身的小兄弟，吞云吐雾。他点烟的时候，我瞥了他几眼。我确信我看到了一种蔑视的眼神。我永远不会忘记那个场景。"

"让我想起了多年前你面临的那个困境，当时你非常不赞成他选择的伴侣。如果你说了，会被骂；如果你不说，也会招骂。"

⊖　1 英里 =1609.344 米。

　　　　　　　　　　　　　　一日浮生

"我也有同样的想法。继续吸烟是疯狂之举，但如果我这样告诉他，也是疯狂之举。而且，可以肯定的是，告诉他我对他未婚妻的看法，在当时是错误的选择，尽管我对这段关系的预测，被证明是准确的。说来惭愧，当他告诉我，他的妻子几年前带着他们的小女儿和他们藏在房子里的所有钱款消失时，我内心涌出一丝满足。此后，他再也没有她的消息。我有一种直觉，他们一直在种毒贩毒。"

　　"那么你们两个人之间接下来发生了什么？"

　　"我有最后一次机会做一个好大哥。我尽力而为了。我问他，医生如何告知他的病情。他的医生直截了当，并无隐瞒，对他直言治疗效果不大，统计数字表明，他也许只能活上几个月。我怀着沉重的心情，确认了医生的诊断，明白预后好转的希望渺茫。我提供了一些针对其疼痛管理的医学建议。我告诉他，他并不孤单，我会支持他的。我想拥抱他，但时间鸿沟巨大，无法跨越。我想给他钱，但又不放心，担心他只会用钱买毒品。不过，在我离开之前，我还是在厨房的桌子上给他留了三百美元。也许他很感激，但他从未承认。我不知道我还能做什么。他不会考虑来加利福尼亚州，我只是半真半假地提出了这个建议。他也不会考虑化疗，或任何其他可能减缓癌症发展，或使他更舒适的治疗。他说'这不会有任何区别，我也不在乎'。我尽力谈论我们的家庭和我们过去的共同生活，但他说他想忘记这一切。也许，欧文，你可能知道还能说些什么。我却无计可施，有走入一个死胡同的感觉。我离开时，我们同意保持联系，但他没有电话。他说他会用邻居的座机给我打电话。"

"他有吗？"

"他从未打过。我也联系不上他。几周前北卡罗来纳州的一家医院来信，说他死了。我回到东部，把他埋在我们的家族墓地里。"

"那对你来说是什么感觉？"

"很孤独。只有年长的一位姑姑和一位叔叔在那里，还有几个几乎不认识他的堂兄弟。我的父母十年前在一场迎面而来的车祸中丧生。在杰森的葬礼上，我一直在想，一遍又一遍地想，还好我的父母都离世了，不用看到这些。一场可悲可叹、完全被浪费的人生。"

"就在那时，你对你工作的感觉发生了变化？"

"是的，在那之后不久。我对上班、看片子、写报告通知病人他们死亡将至，感到恐惧。工作中的一切，特别是胸片，总让我想起杰森。"

我把思绪转向内心，思考了一会儿，事情似乎显而易见。一个功能健全的人因其弟弟的死亡而受到创伤，内心充斥着死亡焦虑，并因为在日常工作中反复受到死亡的提醒而受到创伤。我很确定我明白发生了什么，也知道如何帮助他。当我们的一小时即将结束时，我告诉他，我认为我可以帮助他，并建议我们每周见面。他似乎松了一口气，仿佛他刚刚通过了一次试镜。

一日浮生

在接下来的咨询中，我获得了一些背景信息。他的父亲是弗吉尼亚州农村地区的一名家庭医生，他的母亲在他们的家庭办公室里担任护士，与丈夫一起工作。阿尔文在弗吉尼亚大学学习，直接进入预科课程，然后去了纽约的医学院，并在加利福尼亚州做了放射科住院医师。他是单身；他有过很多女人，但关系都不长久。此外，自从接到杰森的电话以来，他还没有和一个女人约会过。

我要求他提供一个典型的近期 24 小时内的详细生活记录，从睡觉时间开始。这个练习被证明对阿尔文的个案特别有启发性，因为我了解到他的生活中很少有亲密关系。尽管他在工作期间忙于与学生和同事打交道，但他几乎没有其他的人际接触。他独自度过周末，一般是划皮艇。几乎所有的饭菜都是他独自一人吃的：早餐和午餐在医院食堂，晚餐在家里点外卖，或者在一些有柜台座位的餐厅快速用餐，一般是寿司或牡蛎吧。他的同事们早就放弃了为他撮合女人的努力，而把他看成一个坚定的单身汉。一些医生的妻子曾试图把他变成一个家庭叔叔，邀请他参加节日或庆祝性的家庭聚餐。他没有亲密的男性朋友或知己，尽管他约会源源不断——大多数（在那个互联网之前的时代）来自新闻报纸上的个人广告——但关系总在一两次约会之后就无疾而终。当然，我询问了这些快速结束的情况，但他从来没有给我一个明确的答案，更奇怪的是，他在这个问题上表现出了令人惊讶的无动于衷。我把这一点也标记下来，便于将来再探索。

他的睡眠一般很好，通常每晚睡七到八个小时。虽然他很少记得梦境，但他想起了一个反复出现的噩梦，这个噩梦在上个月曾多次造访。"我在浴室里。我正在照镜子，然后我看到一只黑色的大鸟俯冲进房间。我不知道它从哪里来的，也不知道它是怎么进来的。房子的灯光开始变暗，然后完全熄灭。房里一片漆黑。我很害怕，跑到其他房间，但我听到并感觉到拍打的翅膀跟着我。这时，我惊醒了，心怦怦直跳，而且，奇怪的是，我的那里被电击般地勃起了。"他用了押头韵讲话，因而颇为得意地一笑。

我也咧嘴笑了。"电动勃起？"

"它在嗡嗡作响，跳动着。"

"你对这个梦有什么直觉，阿尔文？就让你的思想自由运行几分钟。换句话说，试着出声思考。"

"很明显。这个梦是关于死亡的……黑鸟……爱伦坡的乌鸦，阴鸷的鸟，秃鹰吃路边的尸体……我讨厌秃鹰和秃鹫，我曾经用我们的 22 式手枪带杰森出去将它们击落。我非常清楚地记得那些射击场景，我们做了很多次。然后屋子里的灯光变暗了……我知道那是什么，那是生命的消逝。我对死亡感到恐惧。"

"你想了多少回？"

"自从杰森死后，我几乎每天都在想这个问题。在那之前，几乎没有。我记得我父母被杀时，死亡的想法和恐惧爆发了。那时我已经在斯坦福医院了。我记得我姑姑的电话，就像昨天一样。我当时正在看电视上的勇士队和湖人队的篮球赛。"

"多么可怕啊，突然失去你的父母。"

"这是一个巨大的冲击，如此突然，如此意外。最初的两三个星期，我在重重迷雾中蹒跚而行。太多的震惊让我欲哭无泪。然而，很奇怪，过了一段时间，我就克服了它，重新开始了我的生活，比我现在面对杰森的死更加容易。"

"想过为什么吗？"

"我想，这是因为我对我和我的父母没有遗憾。我们都彼此相爱。他们为我感到骄傲，我是个好儿子。他们活得很充实，很有价值，在社会上很受人爱戴，有着很好的婚姻，而且免于老龄化的摧残。我们之间的关系很清晰。没有遗憾……"

"你在说'没有遗憾'时停顿了一下。"

"你真是洞察秋毫。嗯，我想我有一个遗憾。我很遗憾我的父母没有长寿，没有活着看到我结婚和看到他们的孙辈。"

"这是我第一次听说结婚或生孩子的事。你有这个打算吗？"

"我一直这么想的。不过没有什么进展。"

我把这句话也注上了标签，供以后讨论，并追问他关于悲痛这个更紧迫的问题。

"我并不惊讶，你对自己对杰森之死的悲痛比对你父母的悲痛更难以处理。这似乎是矛盾的，但通常，我们在失去那些与我们有圆满关系的人时，与那些和我们关系欠佳的人相比，后者更容易让我们感到悲伤。在他死后，你与杰森的关系在未完成的状态下被瞬间冻结，再也无法重新解决了。但我想敦促你不要对自己那么苛刻。人各有命，杰森自身魔鬼缠身，而你没有成为一个好哥哥，并不一定都是你的问题。"

"你是说杰森在其中扮演了他的角色？"

"那肯定是其中的一部分。成为一个好哥哥，需要弟弟的一些合作。不过，我很高兴，你和杰森有了最后的机会。听起来你真的向他伸出了手。"

阿尔文点了点头。"我做了我能做的一切。这很艰难，向他伸出手却没有回应。在他的葬礼上我感到孤身一人。"

"没有人可以和你一起哀悼吗？"

"只有我父亲那边的几个堂亲，但我从来没有和他们亲近过。我母亲的父母都死得很早，我几乎不记得我的姨妈和舅舅。"

当我在那次咨询后，口述我的笔记时，我回顾了我所标记的供以后讨论的问题：在阿尔文的噩梦中表现出来的死亡恐怖，他对婚姻的期望，他对女人和男人的自我隔离，以及他对此缺乏好奇心的问题，还有黑鸟噩梦结尾处那个奇怪的"电动勃起"。

在接下来的咨询中，阿尔文更多地谈到了他对父母去世的悲痛。他回忆起，当他意识到自己已经成为孤儿时的震惊。有一段时间，搬回弗吉尼亚州并接管他父亲的诊所的想法让他感到安慰，但他很快就放弃了这个计划。

"在弗吉尼亚州过我父亲的生活，就像埋葬我自己。我选择了留在加利福尼亚州，但我的悲伤蹂躏了我的睡眠。几个星期都很糟糕。我一关上灯，心就会开始狂跳，我知道那晚又将是不眠之夜。这种情况夜复一夜地持续着。"

"当然。你试过镇静剂？"

"我什么都试过了——甚至用到了旧的镇静剂，如西康乐、水合氯醛、导眠能——凡你知道的名字，你尽管提。但无一管用。"

"你是怎么解决这个问题的？花了多长时间？"

"最终……"他犹豫了很久，他讲话变得非常小心谨慎。

"最后，我养成了在床上手淫的习惯。那，呃……那是唯一起作用的东西，从那时起，我每天晚上都会自慰。那成了我的安眠药。"

阿尔文脸红了，似乎很不舒服，我给他提供了一些喘息的机会，开始转向过程，转向了我们两个人之间发生的事情。

"我可以看到，对你来说，谈论这些是多么不舒服。"

"'不舒服'是轻描淡写的说法。我想说的是宇宙级的尴尬。我从来没有对任何人说过这个。"

"我想让你知道，你对我的信任让我很感动。但请你，我认为有必要对你的尴尬进行更多的剖析。你知道，尴尬从来不是一个单独的事件。它总是需要至少另一个人——现在这种情况下，是我。我认为这种尴尬源于你对我的期望——我如何接受你的披露以及我对你的感觉。"

阿尔文点了点头。

"你能详细说明一下这个点头吗？"

"这并不容易。我以为你会认为我很怪异——一个在晚上吮吸拇指的婴儿，一个玷污家庭的变态。是的，一个讨厌鬼，这最合适。而你会排斥这些。你会说，'难怪你不和女人约会，你每天晚上都在做下流之事'。"

"没有这回事，阿尔文。我根本没有那么想过。我并没有评判。我完全沉浸在试图理解之中。我的脑子里充满了各种想法。我在想，在你父母去世后，你晚上关灯的时候，你的心脏是如何跳动的，我的想法聚焦于睡眠和死亡之间的联系。我知道很多人认为，睡眠——失去意识，是死亡微小的预兆。你知道在希腊神话中，塔纳托斯和许普诺斯——死亡和睡眠——是一对孪生兄弟吗？"

阿尔文在认真地听着。"不，我不知道。有意思。"

"还有，"我继续说，"你说自己是个孤儿，这太重要了。我听过许多失去亲人的人说过这句话。我知道在我父亲去世十年后，母亲也离世的日子里，我曾有同样的念头。当父母去世时，我们总是感到很脆弱，因为我们不仅要面对丧失，还要面对自己的死亡。当我们成为孤儿时，我们和坟墓之间无人阻挡。因此，我并不感到惊讶，你整个家庭成员的死亡使你感到在死神面前恐慌不已，死亡焦虑使你感到脆弱，不堪一击。"

"你说了这么一大堆。你认为，在我熄灯之后，我的心脏开始狂跳，源于我正在经历死亡焦虑？"

"是的，我是这么想的。还记得你的黑鸟噩梦中的光线变暗了吗？黑暗的临在为你的死亡意识搭起了舞台。让我说一点儿我脑中一直在转的事吧，关于谜题的另一部分——你的性唤起。"我知道这一次说得太多了，我一旦开始，便无法停止，"我认为性是死亡的重要对立面——高潮不就是生命的原始火花吗？我知道在许多情况下，性感受的产生是为了中和对死亡的恐惧。我认为，这种保护过程在你的噩梦结束时产生了'电击勃起'，并令你使用手淫作为一种抚慰自己的方式来抵御死亡焦虑，以便你最终能入睡。"

"这些对我来说都是全新的想法，欧文。一下子接受的东西有点儿多。"

"我也不指望你能接受。重要的是我们要一次又一次地讨论这些。在我的领域里，这就是我们所说的'修通工作'。"

在接下来的治疗中，我继续以坦诚的方式解决他对死亡的担忧。我做了一个详细的死亡剖析，在这个过程中，他讲述了他早期关于死亡的所有记忆。例如，我问他，他什么时候第一次意识到死亡的概念。

他想了一两分钟。"我大概五六岁的时候，我们的牧羊犬马克斯被一辆车撞了。我记得自己哭着跑进我父亲的办公室，在我们房子的前厅。我父亲拿起他的黑色袋子，冲到外面，俯下身子检查躺在路边的马克斯，然后摇了摇头，说他无能为力。这时我才明白。我明白了死亡是无解的，即使是我的父亲也不能，哪怕他几乎可以解决所有问题。

"另一次是几年后，也许是七年级，我的老师瑟斯顿夫人告诉我们，我班上的一个男孩拉尔夫——一个像我一样大的孩子——死于小儿麻痹。今天，我仍然能清楚地看到拉尔夫的脸，他的大耳朵，毛茸茸的头发总是立在那里，明亮的棕色眼睛充满了好奇。但奇怪的是，我和拉尔夫并不那么亲密。我从未在学校以外的地方见过他。他住得很远，他妈妈开车送他去学校，而我和班里的其他几个同学一起步行。我一直和那些孩子一起玩。但是，我看到的是拉尔夫的脸。我看不到其他人。"

"有意思，"我说，"我怀疑拉尔夫的脸仍然如此清晰地刻在你的记忆中，是因为它与一些关于死亡的强烈的潜意识相联系。"

阿尔文点了点头。"这一点很难说得通。我确信是这样的。在主日学校里，大人们谈到了天堂，我记得我问过爸爸这个问题。他否定了这个说法。他说那是童话。我想，他是唯物主义者，和大多数物理学家一样。他的观点是，当大脑消失时，思想也随之消失，所有的意识和感知，所有的东西都随之消失。死亡只是'熄灯'。你同意吗？"

我点了点头。"在这一点上我同意你父亲的观点。我无法想象一个不具身的意识。"

我们默默地坐了一会儿。这是个好时刻。我感到与阿尔文很贴近。"你爸爸的回答对你意味着什么？它减少了你对死亡的焦虑吗？"

"不，它没有提供任何慰藉。至少对我而言，一切都将结束的想法、概念，是我无法想通的。"

阿尔文和我在几次咨询中讨论了这些问题。我们从不同的角度回顾，考虑了额外的确认性记忆，探索了一些新的、相关的梦，夯实了我们的收获。然而，渐渐地，治疗开始变缓。我一直认为，当病人在治疗中勇于冒险时，治疗效果就会很好，但阿尔文没有冒更多的风险，我们也没有新突破。不久，正点出席的阿尔文开始质疑我们在做什么。

"我对你的方法感到疑惑。我不知道我们到底要去哪里。我们是在试图帮助我消除我的死亡焦虑？毕竟，我们不都害怕死亡吗？你不是吗？"

"当然是的。对死亡的恐惧在我们所有人身上都是命定的。它使我们能够生存。那些没有这种特质的人在几百年前就被淘汰了。所以，不，我的目的不是要消除恐惧，但对你来说，阿尔文，这种恐惧已经演变成更大的东西，变成一种恐怖，在你反复出现的噩梦中困扰着你，侵入你的日常工作中。我说得对吗？"

"嗯，不完全是。我注意到，我正在发生一些变化。也许我更好了：不再做噩梦了；现在工作中还行；也很少再想到杰森。那么接下来呢？我想知道我们是否即将结束？"

这个问题在治疗中经常出现，当症状减轻，病人恢复了以前的平衡时。咨询是否要停止呢？

仅仅消除症状就够了吗？还是我们应该追求更多？我们是否应该尝试改变患者的基本性格和生活方式，因为这些性格和生活方式导致了这些症状的产生？我试图委婉地引导阿尔文做进一步的探索。"最终，阿尔文，你是否已经完成并准备停止，决定权在你手中。但我认为我们不应该不仔细查看，是什么有助于你的改善。如果我们能确定这些有帮助的因素，你也许能在将来利用它们。"

"什么有帮助？艰难的问题。可以肯定的是，与你谈的一些事情的确是有帮助的。但如何产生帮助？我只能猜测，也许只是把事情说出来，第一次揭示了一些事情。可以肯定的是，知道你是真心实意地关心我，这对我有帮助。自从我父亲去世后，我还没有和任何人有过这种感觉。"

"是的，我感觉到了。而且我感觉到你主动涉险，冒了一些真正的风险，很好地利用了我们在一起的时间。"到目前为止，还不错，我想，然后试图更进一步，"但现在我想我们已经准备好做更多了。我认为，探索你为什么以你的方式安排你的生活，是很重要的。你有很好的社交技巧，你在表面上看起来很舒服，你说你从与我的亲密关系中受益。所以我的问题是，你为什么要回避与他人发生亲密关系的可能性？生活在这样的隔离状态下有什么益处？"

阿尔文显然不赞同我的询问，在我说话时摇了摇头。"听着，从个人生活隐私到公众场合下的处事为人，是一个连续

　　　　　　　　　　　　　　　　一日浮生

的光谱线。有些人天性外向，有些人则喜欢保持隐私。我想我只是处于光谱线的'隐私'一端。我喜欢独处。"

就是这样。用治疗的行话来说，阻抗已经悄然而至。我坚持了下来，尽管我知道他在尽力抵抗。"然而，就在几分钟前，你还说到与我亲密交谈，体验我对你这个人的兴趣，对你来说是多么令人心怡。"

"那是真的，但我并不总需要那样。"

一小时结束了，当我们停下来时，阿尔文说："我不认为我们有什么进展。"

当我想到我们的咨询时，我惊叹于事情变化得如此之快。在这次咨询之前，阿尔文和我在各方面都是盟友。然而现在，突然之间，我们似乎成了对立面。不，当我进一步思考所发生的事情时，我知道阿尔文的深刻抵触并不全是意外。当我对他与女人关系的探索总是很快就烟消云散时，我已经意识到阻抗的前兆。我记得他拒绝回答这个问题，也记得我对他感到疑惑——他对自身缺乏好奇心。事实上，明显缺乏好奇心通常是一个路标，告诉治疗师病人可能不愿意进行更深入的探索。我知道前路漫漫，艰难重重。

阻抗一直持续到下一次治疗。他拒绝看他的社会退缩，使我确信背后有强大的力量，正运作于无形之中。我以前见过很多孤立、退缩的人，但很少有人有如此高超的社会技能和走入亲密关系的能力。我感到很困惑。奇怪之事正在登场。

"让我分享一些东西，阿尔文。在我们第一次见面时，当你告诉我你的24小时日程安排时，我为你感到有些难过。似乎你的生活缺少温暖的人际接触。这与我认识的阿尔文不相符，与你的直率以及你的亲和力不相符。而且这也不符合你成长过程中的家庭生活类型。我知道你和你弟弟之间有一些问题；但是，你仍然把你的父母描述为关怀备至、滋养温暖，他们示范了一种爱的关系和伙伴关系的模式。有你这种背景的人，在成年后不会与他人断绝关系。"

"我承认我应该做出一些改变，而且我会去做。"

我不断地尝试着贴近。"然而时间一直在流逝。我记得你说过，十年前，当你的父母去世时，你感到遗憾，因为他们没有看到你结婚，也没有认识他们的孙辈。你怎么看这些遗憾？你对自己的遗憾又是什么呢？你是否想过你所希望的生活？"

"正如我所说，我会着手进行改变。但现在对我来说，这不是最重要的。记住我为什么来找你。我来是因为我弟弟死后我的焦虑。我的社交生活与此毫无关系。"

我掏出最后一条锦囊："我不敢苟同。这两者之间联系密切。让我试着解释一下。我反复观察到，经历的死亡恐怖与未经历的生活体验息息相连。正因如此，我才试图关注你现在的生活质量。"

我仿佛击中了一个琴键，阿尔文陷入深思中，一分钟后，他回应道："也许在以后的某个时候。我现在做得不错，感觉不太愿意去碰它。"

分析阻抗，分析阻抗——这是我遇到这种僵局时的口头禅。我坚持说："在我们最初相处的几个小时里，我对你愿意审视你对你弟弟的死亡的反应，以及你有勇气分享你生活的私密方面印象深刻。我感觉我们之间的合作很愉快。但在最后几次咨询中，我们真的碰壁了。你不愿意再往前走了，但我绝对相信你知道还有更多事情要做。在咨询中，你好像不再信任我了一样。"

　　"不，最后那部分不是真的。"

　　"那就帮助我了解发生了什么。在什么时候你觉得这里的事情发生了变化？"

　　"不是你，欧文，是我。听着，只是有些事情我没准备好讨论。"

　　"我知道这感觉像是在催促你，但请你再纵容我一下。让我做最后一次询问。我有一种直觉，你感觉到的障碍，与你同女性的关系有关。早些时候，你描述了你的关系，说你的关系就这样消失了。我在想，这是否与这些关系中的性方面有关。"

　　"不，这不是问题所在。"

　　"那问题是什么？"我知道我太过分了。我在殴打我的病人，但我无法停止。我的好奇心被点燃了，它独自行事，跃跃欲试。

　　令我惊讶的是，阿尔文把门打开了一条缝。"我遇到很多特别好的女人，每次都发生同样的事情。我们出去，共进晚餐，性生活很好，我们彼此喜欢，然后迟早有一天，在几次约会之后，这些女人会到我家里来。然后它就结束了。"

"为什么？会发生什么？"

"一旦她们看到我的房子，我就再也见不到她们了。"

"为什么？她们看到了什么？"我仍然毫无头绪，奇怪的是，我的反应很慢。

"她们会不高兴。不喜欢她们看到的东西。不喜欢我打理自己的房子的方式。"

阿尔文和我都看了看钟。我们已经超时几分钟了。他想离开办公室，而我还有一个病人在等着。我冒了个险。

"我真的很高兴你能信任我。我将提出一个不寻常的建议，我认为这对你的治疗可能是非常重要的。我想在你家里做我们的下一次治疗。我们能在一周后的今天的下午6点进行吗？"

阿尔文深吸了一口气，试图放松。"我不确定。我需要考虑一下。让我睡一觉，明天给你打电话。"

"当然，早上7点到10点之间给我打电话。"那是我的写作时间，我通常认为这是不可侵犯的，但这次真的很重要。

第二天早上7点1分，阿尔文打来电话。"欧文，我无法处理这个问题。我整晚都在纠结。我不只是不能处理你来家里看我，我也不能忍受在更多的不眠之夜中，等待下周姗姗来迟。我想停止治疗。"很多事情在我脑海中闪过。我在这个领域浸淫已久，知道许多病人需要反复进行治疗。他们做一些咨询，做出一些改变，然后就终止了。治疗停止后，他们在几个月或几年内巩固他们的成果，然后，在未来的某个时间点，他们回来做额外的、通常是更全面的工作。任何成熟的治疗师都会熟识这种模式，并表现得自律自治。但我感觉自己并非特别淡定。

"阿尔文，我觉得你肯定一想到我对你家的反应就心存不安。也许你感到很羞愧，也许你担心我对你的感情？"

"我不能否认那是其中的一部分。"

"我有一种感觉，你的思想处于分裂状态。你已经暗示了一部分，被羞耻感压倒的那部分。但还有一部分是想改变的。那是决定告诉我你的问题的性质的部分，那是真正想以不同方式生活的部分。这就是我想让你参与的那部分。你不必等待一个星期。我们今天就见面吧。你今天早上有什么安排？我可以现在就来。"

"不，这对我来说太突兀了。"

"阿尔文，你正在拒绝一个让你的生活走上不同的、更令你满足的道路的机会，我认为你拒绝这个选择是因为你害怕我评价你。但你已经知道这些恐惧是捕风捉影、毫无根据的。另外，请你从宇宙的角度来看：你允许恐惧——对我脑海中一些转瞬即逝的感觉的恐惧，来影响你唯一生命的整个过程。这么做值得吗？"

"好吧，欧文，你让我很累。但我现在不能这样做。我正要去上班，今天我的日程安排得满满的。"

"你什么时候下班？"

"大约今天晚上七点。"

"那我七点半过来做一个疗程怎么样？"

"你确定这是正确之道吗？"

"相信我。我确信无疑。"

七点半，我准时来到他在桑尼维尔的迷人小家，离我在帕洛阿尔托的办公室只有几英里。前门是虚掩着的，门上贴着一张纸条，上面写着："请进。"我按了门铃，然后进去。在客厅的远端，阿尔文坐在一张大躺椅上，面对着窗户。我只能看到他的后脑勺。他没有转身面向我。

我想走过去，靠近阿尔文，但我不确定如何过去。我只能看到几段很小的裸露的地板。其余的地面完全被高高堆起的旧电话簿所覆盖——他从哪里拿到这些东西的？一大本艺术书、火车时刻表、成堆的黄色报纸、一摞又一摞的科幻小说。我喜欢科幻小说，并忍住没坐在《纽约时报》（*New York Times*）的小册子上开始浏览小说。唯一可见的硬木地板非常狭窄，大概只有十英寸[⊖]宽的小路，一条通向相邻的厨房，另一条通向阿尔文的椅子，第三条通向一个大沙发，上面放着更多的蒙尘的书、成堆的旧 X 射线胶片和医学图表。

那是 1982 年，"囤积症"还没有作为一个日常话题出现在精神病学或日间电视上。我以前从未见过或想象过像阿尔

⊖ 1 英寸 =2.54 厘米。

文的家那样的地方。我觉得自己已经无法进入其他房间了，我小心翼翼地走到离阿尔文最近的椅子上坐下，面对他的背。

"阿尔文，"我大声说，我们两人之间的椅子相距15英尺，"谢谢你在这里和我见面。这很重要，因为你让我看到了你的家，而且我觉得现在比以往任何时候都需要继续见面。我知道这对你来说比登天还难，我感谢你允许我进入你的生活和你的家。"

阿尔文点了点头，但仍然沉默不语。

我一时不知所措。我知道，最终我们会试图通过研究囤积的意义和起源来理解它，但在这一刻，我们必须审视我们的关系，现在我们的关系已经被羞辱和愤怒所淹没。

"阿尔文，我很抱歉让你经历这些，但没有其他办法。我们必须一起面对这个问题。我知道这对你来说很难，但这是向前迈出的一大步——一大步——我们需要把它谈清楚。我在想，是否有一个地方可以让我们坐得更近一些来交谈。"

阿尔文摇了摇头。

"或者，也许我们可以在街区里漫步？"

"现在不行，欧文，我今天能做的就这些，我想停下来。"

"那好吧，明天。你能不能在这个相同的时间，七点半，明天晚上，在我的办公室见？"

阿尔文点了点头。"我明天一早会给你打电话。"我又默默地坐了几分钟，然后离开。

第二天早上，阿尔文打来电话。我对他的话并不感到惊讶。"欧文，我很抱歉，但我根本不能来。不要以为我不感激你所做的一切，但我不能再见你了。至少现在不行。"

"阿尔文，我知道我把你逼得很紧——也许是太紧了——但看看我们做了什么。我们正处在关键时刻。"

"不，现在不行。我们已经结束了。也许我可以将来给你打电话。现在我可以自己处理了。我将开始整理我的家。"

我合上了阿尔文的文件夹。自从那次去他家之后，我就再也没见过他，也没有他的任何消息，直到前一天在莫莉的葬礼上又见到他本人。他到底在那里做什么？他和莫莉有什么关系？我记得在我们最后一次咨询后的一段时间里，我一直在想阿尔文，想知道他生活中发生了什么事，当我走过走廊或坐在医院的食堂里时，我曾扫视周围，寻找他。我还记得，在我与他的最后一次咨询之后，我与一位亲密的老朋友，也是一位精神病学家，进行了长时间的交谈，以帮助我处理自己如此糟糕地搞砸一个案子的失望之情。但是现在，在我们昨天在莫莉的纪念馆见面后，我不得不重新考虑。我搞砸了吗？阿尔文看起来很好，有两个孩子和一个可爱的妻子，她告诉我，他们的婚姻之福应归功于我。这一切是怎么发生的？我一定比我想象的更有效。我的好奇心又一次被点燃了。

我们在医院附近的一家小咖啡馆见面喝咖啡，为了保护隐私，我们选择了一张摆在角落的桌子。

"对不起，"我开始说，"我对你的记忆回来得有点儿慢。正如我提到的，衰老对我的面部识别能力造成了影响。但不要以为我没有想过你，阿尔文。我经常想知道你过得怎么样，尤其是我认为我们的合作过早地结束了，给你留下的问题还没有解决。我希望有后续。你知道，我想我昨天一开始没有认出你，因为我没想到会在莫莉的葬礼上见到你。你是怎么认识莫莉的？"

阿尔文的脸上出现了惊讶的表情。"你不是忘记了吧？在我们最后那次咨询后的一两天，你打电话给我，给了我莫莉的名字，并建议我与她联系，帮助我把我的房子恢复正常。"

"哦，天哪，我完全忘记了。你确实联系了她？"

阿尔文用力点了点头。"哦，是的。你是说，她从未向你提起过我？"

"她不会的。她有她的荣誉准则，而且她对自己客户的信息一向缄口不言。但我在 30 多年前把你介绍给她。你至今还记得她当年的情况吗？"

"不，并不完全是这样。实际上，我立即给莫莉打了电话，她接手了。我是说完全接手了。几天后，我的房子就整洁如新，她自此一直在照管我的房子和我的账单、我的税收，乃至我的所有事务。我一直是她的客户，直到她去世。我经常告诉莫妮卡我是多么感激你。你扭转了我的生活。你给了我这么多。但是，最重要的是，你给了我莫莉。这些年来，在过去的 30 年里，她每周都会来我家一次，从不间断地照顾我的一切，直到几个月前，她病得太重才中断。她是我人生中最好的相遇——当然，除了莫妮卡和我的两个美好的孩子。"

在我们的谈话之后，我的脑海中反复想着：谁也永远无法了解心理治疗会如何起效。我们治疗师如此热切地争取在我们的治疗中做到完全精确，渴望成为操作精准的经验主义者，试图为我们病人的依恋史或 DNA 序列中的破损元素提供精确的修复方法。然而，我们工作的实际情况并不适合这种模式，我们经常发现自己在和病人一起跌跌撞撞地走向康复的过程中时常即兴发挥。我曾经对此感到不安，但现在，在我的黄金岁月里，我对自己轻轻地吹着口哨，因为我惊叹于人类思想和行为的复杂性和不可预测性。现在，我不再为不确定性所困扰，而是意识到，提前假定能将事情做到细致精准纯属狂妄之想。现在，我确信的是，如果我能够创造一个真诚和友爱的环境，我的病人就会找到他们需要的帮助，而且往往超乎我的所思所想。谢谢你，莫莉。

第 5 章
围城莫入

80 岁的亚隆遇上成功富有的 77 岁前首席执行官，两人斗智斗勇。亚隆如何点出他难以适应养老院生活的关键因素？

亲爱的亚隆博士：

    我是一个77岁的（前）首席执行官，一年前我搬到了佐治亚州的一家养老院。这地方不错，但不尽如人意。我受困于严重、持续的适应障碍。过去一年我一直在看治疗师，但我们的工作最近陷入了困境。你能为我提供咨询吗？我愿意在任何时候飞到加利福尼亚州。

——瑞克·埃文斯

三周后，瑞克·埃文斯自信地走进我的办公室，似乎他是这里的常客。他看上去就像一个退休的首席执行官该有的样子：精明强干、活力四射、放松自如。他皮肤呈高尔夫球员的古铜色，举手投足间尽显高贵不凡，鼻子和下巴如精雕细琢一般。无论他出现在任何高档退休社区的宣传册封面上，我都觉得不足为奇。他那浓密的直发整齐地分开，白得耀眼，甚为养眼，令人赞叹。我用手摸摸自己的秃顶，颇有些沮丧。对于他的目光，我虽然一时间不能一览无余，完全解读，但

一日浮生

他那强烈而又略带平淡的眼神，甚得我心。

瑞克没有浪费时间，甚至在他入座之时，已然开口侃侃而谈。"你的那本书《直视骄阳：征服死亡恐惧》（*Staring at the Sun: Overcoming the Terror of Death*）强悍有力，非常震撼。尤其对于我这个年龄的人。正因为那本书，我才来到此地。"

他瞥了一眼他的手表，好像在检查我们是否准时开始。"让我直奔主题。正如我在电子邮件中提到的，我一年前搬进了费尔劳恩橡树。在我妻子去世后，我一开始试图在自己家里适应新生活。我拼命尝试了 18 个月，但还是无法适应——即使很多家务有人帮助打理。购物、烹饪和清洁都太麻烦了，而且太孤独了，所以我就搬家了，但这并不奏效。不是说我抱怨费尔劳恩橡树。这所养老院很好，但我就是不适应。"

瑞克没有做的一切让我吃惊不小。他没有环顾我的办公室，甚至连一瞬间都没有，也没有做出任何寒暄的社交姿态。他千里迢迢跑来见我，却没有向我的方向投来过一次目光。也许他比表面上看起来更焦虑，也许他完全以任务为导向，只想最有效地利用他的时间。我稍后会回到这些问题上。现在，我鼓励他继续讲述他的故事。

"怎么不适应？"

他手腕一扭，弹开了我的询问。"我会告诉你这一点的。但我想先说一下我的治疗师，我找她咨询了一年半。她是一位不错的女士。她帮助我走出了悲痛，这一点毫无疑问。她把我从地板上拉起来，用海绵把我擦干净，让我回到正常的轨道上，回到这个世界里。但现在我们已经停滞不前了。我没有怪她的意思，但在我们的治疗时段里，我们纯粹在浪费时间和金钱，当然，她没有收取你这么高的费用。我们只是在兜圈子，一遍又一遍地重复同样的东西。之后，我读了你的这本书，接着又读了一些你写的其他书，并突发奇想：向你咨询可能会让我的治疗有新的进展。"即使话到这里，他也没有看我一眼。这感觉相当古怪，他肯定不是一个内向害羞之人。他继续滔滔不绝，自说自话。"当然，我知道治疗师对这种事情有强烈的占有欲和敏感度，所以我决定动用社交手段，让她来处理。不要误会我的意思，我没有寻求她的许可。无论她如何回应，我都会联系你，因为我意已决。结果她非常积极。她抓住了这个想法：'当然，当然，好主意。联系他进行咨询。我很乐意你这样做。加利福尼亚州距离我们很远，但还有什么比这能更好地利用你的时间和金钱呢？'她提出给你写张纸条，描述我们的治疗工作，但我有点儿不高兴，告诉她我是个大人了，我可以负责给你解释。"

"你不高兴了？为什么？"是时候把我自己挤入这个独白剧目了。

"我老了，但不是无能为力。我可以自己想出如何与你沟通。"

"就这样？这就值得你生气了？再深入点儿。"我感到有

一日浮生

种冲动促使我表现得比平常更有攻击性。

瑞克的语速慢了下来。也许现在，他终于注意到了我，尽管他仍然没有正眼看我。"嗯，我也不晓得。也许是对她一想到可能要摆脱我就欢欣雀跃而心存恼火，也许我希望她占有欲更强点儿。不过我明白你的意思。我知道我的恼怒并不理性。毕竟，她和我想利用这次与你的咨询来帮助我们继续一起工作。她不是想摆脱我，她也说过了，但我却和你较劲。这是我的感觉：有些生气。我今天不打算隐瞒什么。我希望我的钱能从这项投资中得到回报。你知道，你的费用加上飞机票，这可不少。"

"讲讲你对养老院的适应情况吧。"

"等一下。"他又一次把我弹开了，"首先让我回到前面的话题，明确地说，费尔劳恩橡树是个好地方，这点千真万确。那真是个优秀的社区，如果我处于管理位置，我想我做不了什么改变。我的问题都是我自己的事，我承认这一点。费尔劳恩橡树的一切都完美无缺。膳食精美，活动丰富。高尔夫球场有点儿无趣，但在我这个年龄段，它恰到好处。但问题是，我整天都心无定所，矛盾重重。每当我开始做某件事，我的头脑就开始想做别的事。现在我不遵守时间表——至少不遵守别人的时间表——那可不是我的风格。时间表是为别人准备的。为什么我必须在每天下午四点去游泳馆锻炼？或者在上午十点去参加时事课？为什么我每次都必须把门钥匙放在门上的那个袋子里？还有，为什么我必须每天在同一时间吃饭？那不是我。真正的我，真正的瑞克·埃文斯，崇尚自主自发。"

他把头转向我的方向。"你从大学直接去了医学院，对吗？"

"对。"

"然后进入精神病学领域，对吗？"

"是的。"

"嗯，我从事过九种职业。"他举起九根手指，"九种！而且这九种职业都做得异常出色。白手起家，做印刷厂的学徒……然后我成了一名印刷工……然后创办了一本杂志……然后是几家杂志的出版商……然后是一家小型教科书出版公司的负责人……然后买下并建立了连锁机构，为精神失常者提供寄宿和护理……然后经营一家医院，然后，信不信由你，接受咨询培训之后，从事组织发展工作……然后是两家不同公司的首席执行官。"他坐回椅子上，看起来很满意。这时轮到我说话了。我心中没有特别的计划，但还是开始回答，希望我的灵感缪斯能引导我。

"很多不同的职业。很难把它们都记录下来。告诉我，瑞克，如果我们彼此直呼其名，可以吗？叫我欧文？"

瑞克点了点头。"我更喜欢这样。"

"瑞克，你现在回顾职业生涯时有什么感觉？"

"听着，请放心，我的那些改变都不是被迫而为。我从未在这些事业中失败过。我只是在一段时间后变得焦躁不安。我拒绝被锁定在任何生活方式中，我需要改变，自主自发。

我再次重复：自主自发，这就是我！"

"那现在呢？"

"现在呢？嗯，这就是问题的关键。自主自发，曾经是个好东西，曾经是我的力量，我的支柱，现在已经变成了一个怪物。听着，情况是这样的：当我开始去参加一些活动时，无论是健身训练、泳池有氧运动、时事新闻课、瑜伽课，还是其他什么活动，我的脑子里就开始闹腾，想着其他选择。我听到我内心之声在问：'为什么要做这个活动？为什么不做其他活动？'我陷入了一个无法判断的僵局。然后呢？然后我什么活动也没做。"

我检查了自己的思绪流。瑞克说话的时候，我想到了布利丹的驴，这是一个古老的哲学悖论，即在两捆同样香甜的干草之间放一头驴，它饿死了，因为它不能决定选择哪一捆。但我认为和瑞克说这些对他没有好处。我只是在回击他那难搞的态度，炫耀我的博学。然后，我脑海中又出现了另一个主意，可能对他来说更容易接受，也更有用。"瑞克，让我分享一下刚刚飘进来的想法。"

我知道我有点儿突然，但这往往会得到回报——病人一般都很喜欢我分享自己的东西，而且这种做法通常会激发更多的分享。"也许会令你感到有趣。这是一个很久以前发生的事件。我在某个地方写过它，但已经很久没有想起它了。有一天，我注意到我的眼镜不能正常使用，于是我去看了我的眼科医生，一个非常年长的人。在测试了我的视力后，他问我的年龄。'40 岁。'我回答说。'40 岁，嗯？'他说，然后他摘下自己的眼镜，仔细擦拭后，接着道，'好吧，年轻人，你的老花眼真是按时按点来的。'我记得我感到非常恼火，想对他说：'什么时间表？谁在按时按点？你或你的其他病人可能是按时按点的，但不是我！不是我！我，不一样。'"

"好故事，"瑞克回答，"我在你的一本书中的某个地方读到过它。我明白你的点，但实际上这并不是我真正的点。我已经知道了计算方法。我 77 岁了，我们不必在这点上浪费时间。我不再否认年龄。我不仅每天都告诉自己我已经七十又七了，而且我那单调的治疗师也在不断地强调这一点。我不愿意面对自己的年龄，这使得我离开家、搬到费尔劳恩橡树相当困难。但我已经移步向前了。我正在谈论新的事情。"

显而易见，分享我的眼镜故事并不是一个好主意。瑞克不是一个我可以放任自流、分享我脑海中浮现的联想的人。他更想投入精力和我竞争，而不是得到我的帮助。我决定聚焦于一个更清晰的点。

"瑞克，早些时候你说：'自主自发，这就是我！'"

"没错。这是我的口头禅。这就是我。"

"这就是我，"我重复道，"如果我们把这个状态改换一下，就会变成'如果我不自主自发，我就不是我'。"

"是的，我想是的。听起来很可爱，我猜。但是……你的意思是？"

"嗯，这种想法有阴暗的含义。它近似于对自己说，'如果我不是自主自发的，我就不存在'。"

"我不会作为'我'存在，作为我的核心部分存在。"

"我猜测它甚至更有深意。就好像你相信你的自主自发可以抵御你的死亡。"

"我知道这些话语是为了对我有所帮助，但我没有理解。你是说……?"他伸出双手，掌心对着我，手掌摊开。

"我在想，在某种更深的层次上，你可能觉得放弃自主自发是有风险的，它使死亡更临近。我的意思是，如果我们理性地看待你的情况，我们会问：'按计划做一些事情的真正威胁是什么?'在 77 岁时把钥匙放在某个指定的地方是有意义的，当然需要这样做。而且很明显，在某个时间去上锻炼课或讨论时事是有意义的，因为一个团体的存在需要一个指定的时间来让组员聚在一起。"

"我并没有说我的想法是理性的。我承认它不合逻辑。"

"但如果我们假设它由一些深层的、不完全有意识的恐惧所驱动，它确实很有意义。我认为，对你而言，'按计划行事'象征着与其他人步调一致地迈向死亡。费尔劳恩橡树在你的脑海中不由自主地与生命的终结联系在一起，而你无法——或者说，不愿意参与这个项目，一定是一种无意识的抗议形式。"

"太牵强了，这听起来真的很牵强。我只是不想排队，手里拿着毛巾和所有其他老顽固一起做水上运动，这并不意味着我拒绝接受我的死亡。我不排队。我不打算加入任何形式的队伍。"

"我不加入任何形式的队伍，因为……?"我问道。

"我是指挥队伍的人。我不在他们之间。"

"换句话说，我不排队是因为我是特殊的那个。"

"该死的没错。这就是为什么我告诉你我的九种职业。"

"伸展、扩展、实现自己，所有这些努力或许都是正确的。它们或许适合生命中的某个时期，但也许它们可能不适合人生的这个时期。"

"你仍然在工作。"

"那么你有什么问题要问我吗?"

"嗯，你为什么要工作? 你真的和你的年龄同步吗?"

"够公平。让我试着回答。我们都以自己的方式面对衰老。我知道我已经很老了。不可否认的是，80岁已经很老了。我的工作减少了，我现在看的病人少多了，每天只有三个左右，但我每天剩下的大部分时间仍在写作。我要和你说实话：我喜欢我正在做的事情。能够帮助别人，我感到很幸运，特别是帮助别人直面我也遇到的问题——衰老、退休、处理配偶或朋友的死亡、思考自己的死亡。"

瑞克第一次没有回应，而是默默地看着地板。

"你对我回答的感受是?"我用更柔和的声音问。

"我不得不佩服你。你讲到了最棘手的问题。朋友的死亡，你自己的死亡。"

"还有你对死亡的想法。你常常想到它吗？"

瑞克摇了摇头。"我不去想它。我为什么要想？这不会有任何好处。"

"有时思绪会不由自主地进入脑海，比如白日梦，或者晚上的梦。"

"梦？我不怎么做梦……几个星期都没有……但奇怪的是，我昨晚做了两个梦。"

"把你记得的都告诉我。"我拿起我的记事本。就在我们的咨询之前他做了两个梦，我有一种预感，这些梦会带来点儿启示。

"在第一个梦中，我在一个学校操场上，操场周围有一个大的铁丝网。"

"瑞克，让我打断一下。你能不能用现在时态描述一下这个梦，就像你刚才看到的那样。"

"好的，我开始吧。我在一个学校的操场上，也许是我的初中操场，有一场棒球比赛正在进行。我环顾四周，发现那里的人都要年轻得多。他们都是孩子、青少年，穿着制服。我想玩球，真的想玩，但我觉得这会很奇怪，因为我年纪太大了。然后我看到了老师，他看起来很眼熟，但我不知道在哪里见过他。我朝他走去，想问他该如何做，就在这时，我注意到操场的另一个区域，那里有几个和我同龄的老人正在组织另一个比赛——可能是高尔夫，可能是曲棍球——不确定是哪一个。我准备加入他们，但我无法越过球场周围的栅栏。"

"关于这个梦的直觉是什么？瑞克，告诉我你想到的任何事情。"

"嗯，棒球。我年轻的时候曾经喜欢打棒球。这是我最喜欢的运动，我很擅长这个——出色的游击手，地狱般的赛场楔子。我本来可以打大学联赛，甚至职业棒球，但我不得不去工作。我的父母没有钱。"

"继续说。多说说你的梦想。"

"嗯，孩子们在玩，我也想玩，但我不再是个孩子了。"

"你对此有什么感觉？或者你在那个梦里的其他感觉？"

"是的，我的治疗师从来不会放过这个问题。我不记得有什么感觉。但让我试试。当我刚看到棒球比赛时很高兴，那是一种感觉。然后当意识到我不能打球时，我感到有点儿痛苦和困惑。不过，如果你想要知道我的感觉，昨晚的另一个梦有一些更强烈的感觉——特别多的委屈和沮丧。在那个梦里，我在浴室里看着镜子里的自己，但影像模模糊糊的。好像镜子被蒸过一样。我手拿一瓶清洁剂，不停地挤掉瓶中最后的喷剂，不停地擦拭和清洗镜子，但它就是不会变清晰。"

"这不是很奇怪吗？你之前几个月都没有做梦。"

"我说的是'几个星期'。"

"对不起，你已经几周没有做梦了，然后昨天晚上，就在我们见面的前一天晚上，你做了这两个强烈的梦。就好像你是为了我们今天的咨询而做的梦，就好像你的无意识在向我们发送一些神秘的线索。"

一日浮生

"天哪,你们的想法——我的无意识向我的意识发送神秘的信息,让我的心理医生来解码。你们不会把它当真吧?"

"好吧,让我们一起研究这个问题。想想你带来这里的主要问题,你不能适应你的养老社区,你被其他的欲望所束缚。你最后被冻住,什么都不做。对吗?"

"是的,我跟着你的思路走。"

"当然,第一个梦就说明了这一点。请记住,梦几乎完全是视觉的,只通过视觉图像传达意义。因此,看看你的梦为你的生活困境提供的画面吧。你想打棒球,你小时候喜欢的运动,你有很高的天赋,但由于你的年龄,你不能加入那个比赛。那里有另一个适合你这个年龄段的人的比赛,但你不能参加那个比赛,因为你不能越过球场周围的栅栏。所以,你对其中一个比赛来说太老了,却被另一个比赛拒于场外。对吗?"

"对。是的,是的,我明白你的意思。好吧,也许它是在说,我并不真正了解我的年纪。意思是我很愚蠢,以为自己足够年轻,可以参加棒球比赛,可我并不属于那边。"

"那另一场比赛呢?"

"在那个栅栏后面?那部分就不太清楚了。"

"在你的脑海中还能看到栅栏?"

"是的。"

"继续看着它,让关于那个栅栏的想法飘进你的脑海。"

"普通的老式铁链栅栏。当我还是个孩子时,曾经透过它看大孩子们打球。哦，对了，我们镇上有一支 B 级小联盟球队，中场的栅栏上有一条小缝，我们在被赶走之前经常在那里看比赛。就是普通的栅栏，到处都能看到。"

"如果那个栅栏能和你说话，它会说什么？"

"嗯，一个小小的弗里茨·皮尔斯（Fritz Perls）技术，是吗？我记得我在咨询项目中学过。"

"你是对的。弗里茨对梦还是很有研究的。继续吧。栅栏可能会说什么？"

"呃，发生了最该死的事情。"

"什么？"

"嗯，我听到我的脑海中正在播放一首曲子。'别把我围起来。'你知道那首歌吗？"

"我想我记得一点儿。"

"事情是这样的。上周，那首曲子侵入我的脑海好几个小时，我无法摆脱它。它就像背景音乐一样一直在播放。我试图记住所有的歌词，但失败了，最后我上了 YouTube，找到了罗伊·罗杰斯（Roy Rogers）骑着他的马唱这首歌的视频。很棒的歌词！然后，当我看到一个可以把那首歌的旋律变成我的手机铃声的广告时，我很想订购，就点击了它。但当我看到对方要收取高得离谱的月费时，我放弃了。"

"还记得其中的一些歌词吗？"

"当然。"瑞克闭上眼睛，轻轻地唱着：

哦，给我土地

在星空下的许多土地

不要把我围起来

让我在我所爱的宽广的乡村里驰骋

不要把我围起来

让我在晚间的微风中独自待着

听着木棉树的呢喃声，让我永远离开

但我请求你

不要把我围起来

"太好了，瑞克。谢谢。你的歌唱得很用心。这些歌词——'不要把我围起来'——确实说到了你生活的困境。想到你用这个旋律做手机铃声，我就觉得很开心。我想知道它是否会有帮助。"

"它肯定聚焦于我的困境，但没有什么解决方案的提示。"

"让我们转到另一个梦——你一直在清洗的镜子，还有喷雾瓶最后挤出的几滴水。有什么直觉的念头吗？"

瑞克闪过一个大大的笑容。"你在让我做所有的工作。"

"这是你的梦。你就是那个做梦人，唯有你才行！"

"嗯，我在镜子里的形象是模糊的。我知道你会说什么。"

"什么？"我抬起下巴。

"你会说我不了解自己，我自己的形象对本人而言是模糊的。"

"是的，可能我确实会这么说。那最后的几滴清洁剂呢？"

"没有什么神秘的地方。我已经 77 岁了。"

"没错，你想让自己更加聚焦，但做不到。不能让图像更清晰，而且天色已晚。我对你在梦中的努力和你跑这么远来见我的努力感到震惊。似乎你内心动力强大，渴望了解自己，想要强化你的专注力。我很欣赏这一点。"

瑞克抬起头来，终于抓住了我的目光。"这种感觉如何？"我问。

"什么感觉？"

"你刚才所做的。看着我，盯着我的眼睛。"

"我不明白你在说什么。"

"在我看来，这是你第一次真正看着我，我们第一次真正接触。"

"我从未想过治疗咨询属于社交时间。这都哪儿跟哪儿啊？"

"是你之前说的那句话，'我太孤独了'。我在想，在这个房间里和我在一起，你一直觉得很孤独。"

"我没有想过这个问题，但我承认你说得有道理。我身在人海，但我就是不与任何人联结。"

"如果你能带我了解你某一天的 24 小时，这将有助于我了解更多。从上周里挑一个有代表性的日子。"

"好吧，我吃早餐……"

"你一般几点钟起床？"

"大约六点。"

"那你晚上通常的睡眠情况呢？"

"大概是六到七个小时。我十一点左右睡觉，11点30分或11点45分左右睡着。起床小便大约两到三次。"

"而且你提到你不经常做梦。"

"我很少记得梦。我的治疗师一直在关注我这方面的情况。告诉我，每个人每天晚上都会做梦。"

"那早餐呢？"

"我很早就到了餐厅。我喜欢这样，因为我可以一个人坐在那里，边吃早餐边看报纸。这一天的其余时间你已经知道了。我为去或不去参加活动左右为难，折磨自己。如果天气好，我就独自散步，至少一个小时。而且我经常独自在房间里吃午饭。但在晚餐时，你不能独自坐着。他们让你和其他人坐在一起，所以我装出一副善于社交的样子。"

"晚上呢？"

"看电视，或者有时在费尔劳恩橡树看电影。大多数晚上都是一个人。"

"谈谈你现在生活中的主要人物。"

"我花了很多时间避开他人，而不是去联结他人。那里有很多单身女性，这很尴尬。如果我和一个人太友好，那么她会在每顿饭和每项活动中找我。如果你和其中一个人走近，你就没有机会和另一个人约会，除非你想地狱里走一遭，付上惨重代价。"

"在你进入退休社区之前，你认识的人都怎么样了？"

"我有一个儿子。他是个银行家，住在伦敦，他每周日早上都会打电话，或者，近来用 Skype。他是个好孩子。我还有两个孙辈，一个男孩和一个女孩。就这些了。我同以前生活中的其他人都失去了联系。那时我妻子和我的社交生活很活跃，不过，她是中心。她组织一切，而我只是顺着她走。"

"这很奇怪，不是吗？你说你很孤独，但你有这么好的社交技巧，而你试图避开你周围的人。"

"毫无道理，我知道。但不知道这与我的自主自发和优柔寡断的问题有什么联系。"

"也许有不止一个问题。也许，随着我们的进展，会出现一些蛛丝马迹。让我印象深刻的是你对任务的强烈关注和你对关系的不重视。你对你在费尔劳恩橡树的活动的两难描述只涉及活动的性质，但没有提到其他人。谁会在那里？谁在指导这项活动？你想和谁一起玩？我们今天在这里只尝到了你生活的一点点味道，因为你只专注于快速启动任务和高效完成，却没有寻求与我真正的相遇。你从未询问过我是谁或我能提供什么。在我邀请你向我提问之前，你对我没有任何兴趣。"

"我说过，我读过你的书，而书中已经对你有过介绍。"

"对。但你和我的关系是私人性的，而你却把我排除在外。"

"拜托，这听起来很傻。我是来找你买东西的，我为你的服务付费。我很可能不会再见你第二次，社交上的虚情假意有什么意义呢？"

"早些时候你提到了你作为咨询者的培训计划。对吗？"

"是的，两年的培训计划。"

"你记得访谈部分吗？就像我们今天的访谈一样，由过程和内容两部分组成。内容是显而易见的，它指交换的信息。过程，也就是面谈者和被访者之间的关系，提供了更多的相关信息，因为你可以窥见来访者对他人的行为。这很重要，因为访谈的情况是来访者对其他人的行为的缩影。所以这就是我所注意到的。这就是为什么我说我们之间没有联结，直到你看到我的那一刻。"

"所以你是说，我在这里的行为告诉你我同其他人的行为。"

我点了点头。

"有时我认为心理医生把关系看得太重了。世界上还有其他事情。我并不渴望见到其他人。没有他们我也能过得很好。有些人喜欢孤独。"

"你是对的。我确实假定关系是核心。我相信我们被嵌入其中，而且我们都在一种亲密的滋养关系之中做得更好。就像你和你妻子的那段漫长、美好、充满爱的关系。"

"嗯，那已经结束了，而且，坦率地说，我没有精力再开始。"

"或者，也许你永远都不想再面对那种失落和痛苦。没有关系，就没有痛苦。"

瑞克点了点头。"是的，我想过这个问题。"

"你最终保护了自己，但代价很高。你将自己与这么多东西切断。让我再重复一遍：如果你把'哪些人'放入等式中，那么你选择'哪种活动'的困惑就可能失去其影响力。"

"对。我从没想过这个问题。你说的可能有道理，但我想你已经忽视了我最初的担忧，我对自主自发的热忱。你就这样把它划掉了？"

"不是的，在我们谈话的整个过程中，我一直在思考这个问题。我个人很珍惜自主自发。我在写作时依靠它。我重视被一些意想不到的东西所牵引，进入不可预知的方向。事实上，我喜欢这样。但我不认为你现在的很多行为是由自主自发推动的，也就是说，被你自己以外的东西所吸引。你没有被拉动，相反，你被内心的某种力量推动着，试图逃避恐惧或危险。"

"你能把它翻译成更通俗的语言吗？"

"我试试吧。让我这么说吧。我认为有一种巨大的危险感潜伏在你体内，正在腐蚀你的自主自发。你自己说过，你的自主自发已经演变成了一个怪物。你不是被某种目标所牵引。相反，你的行动似乎是为了抵御某种内在危险。"

"什么内在危险？"

"恐怕我只会重复自己的话，但我不知道还能怎么说。死亡是危险，是我们所有人都面临的危险，它在于你的认知。

如果你的妻子可以死亡，那么你也会死亡。退休社区，无论多么可爱，也是不祥之物。你把它当作一个陷阱，一个最后的驿站，当作一个禁锢你的监狱，你不想顺从它制订的任何时间表。"

我可以看到他微微地摇了摇头。"我从来没有把它当作一个监狱。它经营得该死地好，而且我随时可以选择离开。"

我知道我没有说通。我瞥了一眼我的手表。"说到时间表，瑞克，我们今天就要面对一个——恐怕我们在一起的时间已经不多了。我知道你很困惑，但你能不能考虑一下我今天所说的内容，并通过电子邮件回复我，让我知道这些东西以后是否对你有帮助？我希望我们的咨询能给你提供思考的素材，帮助你的治疗摆脱困境。"

"我会好好考虑的。我现在有点儿混乱。但我会考虑的，也会写的。你是否可以再加一次咨询，比如说，万一在几个月后我想重复这个进程？"

"如果我在这里，我会很高兴再次见到你。"

瑞克离开时，我觉得很累。这次咨询是一场竞赛，一场挣扎，当我想到这次咨询时，我从来没有明确地处理过有关他的悖论——他为见我而做出如此努力，但又几乎抵制我提供的一切建议。在一次治疗中，我所能做的就是真实：跳入病人的生活，提供观察，希望他能够打开心门，在持续的治疗中探索自己的一些新部分。我期待着他的消息，但很长一段时间都没有。

四个月后，一封电子邮件来了，这说明瑞克的治疗，确实以一种意想不到的方式得到了催化。

> 嘿，亚隆博士：
>
> 我已经好了。你确实帮助了我，现在是时候感谢你了。自从我回来后，我的治疗师全力关注我的竞争力，以及为什么我不能（或不愿）向你承认你在我们的治疗期间有一些好的见解。她是对的，而我一直不愿意承认这一点。所以，这里有一些我想坦白的事情。当你说我把费尔劳恩橡树视为监狱时，你真的说对了。我当时和你在一起的时候就知道，但我就是不肯承认。还记得我告诉你我对那首歌有多着迷吗？
>
> 好吧，我本可以与你分享，但没有，我给你唱了《不要把我围起来》第二段的歌词。我没有提到第一段的歌词。它是这样的：
>
> "野猫凯利，脸色苍白，站在警长的身边
>
> 当警长说'我要把你送进监狱'时，野猫抬起头来，哭了起来
>
> 哦，给我土地，在星空下的许多土地
>
> 不要把我围起来"
>
> 谢谢你。
>
> ——瑞克

第 6 章

给孩子们做个榜样

当作为心理治疗师和护士的助人
者，无法安顿自己的身心时，亚
隆如何协助她们解开心结？

因为我不能为死神驻足，
所以他好心地为我留步。

当一个电话通知我，阿斯特丽德因动脉瘤破裂而死亡时，我想到了艾米莉·迪金森（Emily Dickinson）诗中开头的这几行。阿斯特丽德，去世了？不可能的。阿斯特丽德是一股不可阻挡的生命力，她摆脱了一个又一个的危机和悲剧，无所畏惧，继续前行。这种无穷无尽、火光四溅的能量，现在却永远地静止了？不，我无法相信这一消息。

阿斯特丽德是一位治疗师，我为她做了十多年的督导和治疗师，我们的关系也越来越好。当她的家人发来电子邮件，宣布两周后在当地社区中心为阿斯特丽德举行"生命庆典"时，我立即接受了。在指定的日子里，我穿上了西装，打上了领带——对我这个坚定的加利福尼亚州人而言，实属罕见。

那日中午时分，我准时出现。与其他两百名客人一起，我受到了香槟和开胃菜的欢迎。没有鲜花，没有黑色的东西，没有眼泪，没有拉长的面孔。没人穿西装，除了我打领带外，没有看到任何人打领带。不久，一个小孩，可能是阿斯特丽德的孙子之一，手持扩音器穿过人群，宣布："请入座。仪式开始。"

然后我们观看了一段精心制作的 40 分钟的视频，庆祝阿斯特丽德的一生。它将我们无缝衔接进她的生活画面。首先，在她还是父亲怀抱中的婴儿的时候，她扯下了父亲的眼镜并高兴地挥舞着。然后，我们很快地看到，阿斯特丽德迎向她母亲伸出的手臂，迈出了第一步；阿斯特丽德玩夹驴尾巴的游戏；阿斯特丽德青少年时在夏威夷的日落海滩冲浪；阿斯特丽德从瓦萨大学毕业时；阿斯特丽德作为新娘在她最后一次的结婚仪式上（她结过三次婚）；阿斯特丽德怀孕和灿烂微笑的几个镜头；阿斯特丽德与她的孩子们玩飞盘；然后是令人心碎的结局——让我泪流满面——阿斯特丽德在突然死亡的前一天晚上，和她六岁的孙子一起跳华尔兹。影片结束时，我们静静地坐在黑暗中。当灯光亮起时，我很遗憾，因为没有人知道该怎么做。一个勇敢、自信的人鼓起掌来，很快大部分观众都加入进来。我发现，自己渴望一个传统的宗教仪式，这对我而言，的确是非常罕见的心境。我怀念在神职人员和拉比的带领下，舒适、熟悉的节奏和井然有序的仪式流程。不过，在一个以香槟和开胃菜开始的、没有哭泣场所的葬礼上，一个人应该如何行事为人呢？

在阿斯特丽德家人们之间匆匆讨论之后，她的三个孩子和五个孙辈成群结队地走到麦克风前，每个人都依次表现出非凡的风度，分享着对阿斯特丽德的回忆。每个人都准备充分，演说精彩。但最让我着迷的，是一个八岁的孙女，她描述了阿斯特丽德奶奶如何悄悄地走到他们身后，摇动一盒拼图或拼字游戏的碎片，来吸引他们的注意力，相邀玩耍。

由于这是一个生命庆典而不是葬礼，所以我并不惊讶他们没有提及她的第四个孩子朱利安。他16岁时，在一个高尔夫球场被闪电击死。不过，阿斯特丽德和我，已经用了整整一年多的治疗时间，来处理他的死亡问题。

接下来，阿斯特丽德的许多朋友自发地站起来，拿起话筒，分享他们的回忆。两个小时后，现场安静了片刻，我以为有人会发出活动结束的信号。然而，令我惊讶的是，阿斯特丽德的第三任，也是最后一任丈夫，沃利站起来向庆祝者——哀悼者致辞。我对他的镇定感到惊讶；我试着想象在妻子去世后仅几周，就要在这样的场合发言，我知道我肯定无法胜任，我将无法抬起头来面对这个世界。我仔细观察了沃利。多年来，我一直听到阿斯特丽德对他的描述，现在我面临着一个奇怪的任务，就是把有血有肉的沃利装入阿斯特丽德向我描述的形象之中。每当我遇到来访者的配偶时，我都会惊掉下巴。几乎每次我都会对自己说，这有可能和我听闻已久的那个是同一个人吗？

令我惊讶的是，沃利是一个庄重的人，而且比我想象的要高大得多，也更为英俊，更有风度，而且更有存在感。阿

　　　　　　　　　　　　　　　一日浮生

斯特丽德经常把他描绘成一个没有存在感的人，即使到了70多岁，他仍然对他的对冲基金和办公室热忱不减。他总是在早上六点进入办公室，为股票市场的开盘铃声做准备。周末也不在家——不是在航海，就是在修理他那艘27英尺长的单桅帆船。阿斯特丽德告诉我，她从未踏上过这艘船。我记得我们一起笑过，当时她告诉我，她一见船就晕船，而我回答说，我即使看到船的照片也会晕船。

"感谢大家来向我们的阿斯特丽德告别，"沃利开始说道，"我知道这里有很多她的同事，而且你们都知道，她从不厌倦教学。所以我相信，她会很感激我把她的一点儿遗产传给你们，她对抗焦虑的最高秘密武器：鸡蛋沙拉三明治！"

我缩了缩脖子。哦，不。不要这样做，沃利。亲爱的阿斯特丽德才死了十天，你就把模仿杰·雷诺（Jay Leno）的脱口秀，全搬到这里来了。

"当阿斯特丽德还是个孩子的时候，"沃利毫不掩饰地继续说，"当她为任何事情感到不安的时候——在学校、与朋友争吵、男朋友的麻烦，你说什么就是什么——她的母亲总是用鸡蛋沙拉三明治来安慰她。用切碎的鸡蛋、蛋黄酱、芹菜，在烤过的白面包上加一点儿胡椒粉，没有生菜。阿斯特丽德称这是她的安定剂，并声称，它的效力是鸡汤的4.5倍。每当我傍晚回家，从车库走过厨房时，我总会看一眼水槽，如果我发现那里有蛋壳，我就会为最坏的情况做好准备。"

我环顾四周，笑脸环绕！除我之外，每个人都被沃利的幽默所吸引。有那么一瞬间，我感到非常孤独，好像只有我一个人在认真对待这件事。然后我提醒自己，我不是局外人，我是局内人，是真正了解阿斯特丽德的人。

在整个活动中，我的感觉摇摆不定。起初，当演讲者描述他们与阿斯特丽德的特殊接触，以及他们有关阿斯特丽德的故事时，我为自己在她生命中的特殊地位感到洋洋自得。毕竟，我才是那个掌握内部真相的人，那个了解真正的阿斯特丽德的人，熟知那个真实的阿斯特丽德的人。可随着时间的推移，当我听了一个又一个的演讲者的分享之后，我内心开始动摇了。也许，我对于在她生活中拥有特殊地位的信念是虚幻的。是啊，这么多年来，她和我每周都会分享那特别的一小时。我有机会接触到她真实的部分——她的恐惧和激情、内心的对话、幻想和梦想。但是，这比知道是什么能使她微笑更真实、更实在、更幸运吗？她最喜欢哪些人？她喜欢吃什么？她最喜欢什么电影、书籍、商店、瑜伽姿势、音乐、云彩、杂志、游戏、小吃和电视剧？还有与丈夫和朋友之间的玩笑，只有恋人知道的性秘密？我尤其想知道，我是否比那个小孙女更了解她呢？那个当阿斯特丽德在沙发后面，摇晃拼字游戏或拼图的碎片时，听到她的脚步声的小孙女。是的，我想是那个孙女让我归位了。她让我明白，虽然我知道一部分，但阿斯特丽德还有很多东西我都不知道。

我第一次见到阿斯特丽德是在十年前，当时她请我督导她对几个病人的工作。她当时 50 岁，虽然已经执业多年，却依然追求专业技能的提升。她是一个令人愉快的学生：精明、有同情心、聪慧。在接下来的两年里，我们每隔一周面谈一小时。督导是一种乐趣。我很少认识像她一样临床直觉如此出色的学生。但在第二年的年底，我们之间的关系发生了变化。她开始讨论她对一个病人的工作，一个名叫罗伊的年轻人。他是一个无节制的酒鬼，她一反常态地过度参与其中：她把家里的电话给了他，并不分昼夜地接他的电话；白天经常为他着迷，甚至在看其他病人时也是如此；允许他开出几千美元的大额账单，而这人显然永远不会支付。一旦阿斯特丽德开始讨论罗伊的案例，她就从学生变成了病人。当发现学生对病人有强烈的、非理性的感情时（专业术语为"反移情"），督导往往必须改变形式。

她对罗伊的强烈感情的来源并不神秘。阿斯特丽德有一个哥哥，马丁，比她大六岁。在他们的母亲生乳腺癌期间和死后，他一直是她的救星，当时，阿斯特丽德还是个青少年。马丁保护阿斯特丽德免受他们父亲的虐待，她还记得在从他们母亲葬礼回家的车上，他搂着她，俯身在她耳边说："阿斯特丽德，在你的余生中，请依靠我。我会在你身边。"马丁遵守了他的诺言，直到他加入海军陆战队，并在1991年的海湾战争中服役。服役回来后，他患上了海湾战争综合征和多种毒瘾。尽管她尽了最大的努力来陪伴他，但她不是海洛因的对手，无法阻止他在2005年过量吸食毒品，造成致命后果。阿斯特丽德从未原谅没有救出马丁的自己。她对年轻罗伊的过度投入，只是她重温自己试图拯救哥哥的最新体现。

马丁死后两年，袭击她 16 岁儿子的闪电，再一次打破了她可以保护他人或自己的想法。孩子死亡后的悲痛，是最难应对的悲痛。用叶芝的话说，这是"悲剧的极致"，而除了眼泪之外，往往没有别的出路。在接下来的一年里，我们每周会见两次，每次阿斯特丽德的眼泪都会一直不停地流。渐渐地，她的情绪开始平复，有时甚至表现出她那富有感染力的生活乐趣，我们便恢复了每周一次的日程，然后我们开始了在督导和治疗之间来回转换的模式。直到阿斯特丽德恢复了她的平静，我提出了终止的建议。但我们从未真正结束：她在我面前得到了安慰，每隔几周就会打电话来参加督导会议。

然后，一年前，阿斯特丽德在一个周末的晚上，给我电话留言，告诉我她今天早些时候从自行车上摔了下来，虽然只受了点儿轻伤，但现在她身上的瘀伤正以惊人的速度增长。她联系不上她的内科医生，问我她是否应该去急诊室。我回电告诉她，血液凝固的问题肯定要去急诊室。

在接下来的几天里，我没有收到她的消息，我留了几条电话留言，询问急诊室的情况，并接到了她儿子的电话。他告诉我他母亲在医院，无法接听电话。她被诊断为自身免疫性肝病，生命垂危，如今正在重症监护室里。我对这种疾病一无所知。50 年前我在医学院读书时，还没有对这种疾病的描述，但在快速搜索医学文献后，我了解到这是一种严重的、往往是致命的疾病，最好的生存机会就是肝脏移植。两周后，

一日浮生

我接到她儿子的电话，告诉我他母亲的病情急剧恶化——她有严重的黄疸，处于急性肝衰竭阶段。几天后，他又打来电话，告诉我一个好消息：医院奇迹般地找到了一个肝脏，她已经接受了移植手术，现在她的病情虽然仍然非常严重，但情况稳定。

三周后，我与阿斯特丽德进行了简短的电话讨论。她告诉我，她的身体越来越强壮，不久就可以出院了。我去她家做了几次咨询，很快，阿斯特丽德就强壮到可以去我的办公室了。她告诉我："去过地狱，又回来了。""这是我生命中最可怕、最恐怖、最糟糕的时刻——如你所知，我已经经历了不少。在医院的几天里，我无法停止颤抖，无法停止哭泣。我确信我将会死去。我没法和你说话……没法和任何人说话。然后，突然之间，我来了个大转弯。"

"你是怎么做到的？有一个具体的转折点吗？"

"非常具体。这个转折点是我与一位护士的谈话——一位强硬的、不苟言笑的护士长。她有一颗善良的心。那是在孩子们要来探望我之前，我已经处于极端状态好几天了。我非常害怕死亡，我无法停止颤抖和抽泣。然后，就在我的家人进来之前，在我的房间里，她俯身在我耳边说，'给孩子们做个榜样'。这句话改变了一切。"

"告诉我怎么发生的。"

"我不确定是怎么回事，但那是卓越超凡的力量。不知何故，它让我走出了自我。到那时为止，我都无法停止恐惧。

我有好几次与死亡近在咫尺。我无法说话，无力应对，甚至无法拿起电话与你沟通。我所能做的就是哭泣。而这句话，'给孩子们做个榜样'，让我重新想到了自己以外的人，让我看到，我仍然可以为我的家人做一些事情，我可以为他们树立榜样。那个护士很了不起，她的爱严厉而'硬核'。"

阿斯特丽德出院后，逐渐恢复了她以前的生活，并很快再次开始看望她的病人。但她从死亡中重生的时间很短。几个月后的一天，她倒在理发师的椅子上，因脑内动脉瘤破裂而当场死亡。当我和其他庆祝者走出社区中心时，所有这些都在我脑海中闪过。所有的戏剧性，艰苦的生活，英勇的努力——她克服母亲逝去的悲痛，将自己从父亲那里解脱出来，逃过哥哥死亡的阴影，又经历了比以上所有更糟糕的事，她儿子的死亡。她在与自己的病人，以及与我的治疗工作中，克服了许多棘手的情况。她从一个在摩托车事故中丧生的年轻人那里获得了肝脏，并成功移植，战胜了她的肝病。然后，所有这些非凡的、戏剧性的事件，都因她大脑中的一条小动脉爆炸，而在瞬间熄灭了。一切都灰飞烟灭了：她非凡的自我世界，那个丰富的、层次分明的感官数据库，她一生中大量的记忆，所有的痛苦、勇气、挣扎和超越，移植外科医生和护士的大军，所有的恐怖、哀号和那些勇敢的恢复。为了什么呢？为了什么？

我离开了庆祝会，走了大约半个街区的距离，走到我的车前。一个轻拍落在我肩膀上，把我从沉闷的思绪中拉了回

一日浮生

来。我转身看到一张陌生的面孔：一个沉闷的、50岁左右的女人，头发蓬乱枯黄，穿着普通的、笨重的黑色西装。她犹豫了一下，显然对说话感到不安。

"对不起，你是欧文·D. 亚隆吗？"

我点了点头，她继续说："我想，我是通过你的书的封面照认出你的。"

我希望和阿斯特丽德一起沉浸在我的遐想中，不愿意进入谈话。所以我只是微笑着点了点头。

"阿斯特丽德给了我一本你的书。我是贾丝廷·柯西。我是阿斯特丽德在外科病房的护士之一，而且……嗯，我……我想知道你是否还在接收病人？"

还在接收病人？许多年来，至少有10年或15年，也许更多，从来没有人简单地问过我是否在收病人。一律问话的口径是："你还在给人看病吗？"这是对我年事已高的无休止的、不必要的、到现在还有点儿令人恼火的提醒之一。我告诉她我很高兴见到她，给了她我的名片，并请她给我打电话来预约一次咨询。当我看着她大步离开时，我想知道这是否就是阿斯特丽德所说的那位护士。是不是她在阿斯特丽德耳边说过"给孩子们做个榜样"？

几天后，当贾丝廷走进我的办公室时，我为造物主对她的不友善所震惊。她的脸实在太小了，配不上她的大脑袋；她的圆润与她那威严的护士长架势非常不协调。她让我想起了半个多世纪前，我在约翰斯·霍普金斯大学当住院医生时，我的住院病房的护士长马库姆小姐，她冰冷而令人生畏。想到"我的住院病房"这几个字，我自嘲地笑了笑；从各种意义上来说，这显然是马库姆小姐的病房。哈哈，永恒的医生－护士之争！我迅速地把过去的事情从我的脑海中抹去，和贾丝廷静静地坐了一会儿，她慢慢地转动着头颈，观察我办公室里的物品。她的目光停在一面靠墙的书架上。

"我看到这里有一些熟悉的书名，亚隆博士……"

"如果我们直呼其名，你会觉得如何？欧文和贾丝廷？"我几乎总是对病人这么说，但很少这么快。也许是因为我需要从我的脑海中，把马库姆小姐扫除出去。

"嗯，好吧，但感觉有点儿奇怪——你是精神病学的知名教授，而我是护士长。"

"谢谢你没有说'可敬的'教授。"

她笑了，非常短促。"我会尝试，但可能会忘记。我对头衔的看法是老派的。"她又瞥了一眼我的书柜，"我读过你的几本书。它们对我很重要。"

"那些书是你决定与我联系的原因吗？"

"是的，一部分。另一部分是我们的病人，阿斯特丽德。她说了很多你对她的帮助。她经常谈到你。"

"我们的病人"，我喜欢这个说法。这可能有助于我们建立联系。"我认识我们的病人有很长一段时间了。一个好女人，也是一位好的治疗师。告诉我，这些书中是否有什么特别触动你的？"

　　　　　　　　　　　　　　　一日浮生

"也许在阿斯特丽德给我的那本书里，《直视骄阳：征服死亡恐惧》。我的书上有许多划线，我已经读了不止一次了。我是一名外科护士，我所有的时间都花在重症肿瘤患者和移植患者身上，我在工作中每天都与死亡打交道。我还喜欢你的小说《叔本华的治疗》（*The Schopenhauer Cure*）。那个主角同恶性黑色素瘤过招——我无法将他从我的脑海中抹去。"

"我有一种预感，不仅仅是预感，你已经在试着解决问题了，但让我问得更直接些。告诉我，你为什么联系我？你目前要处理什么问题？"

贾丝廷大声呼气，让自己的手臂松弛地垂下，并向后靠在座位上。"我还有什么问题没有处理？很多。"她停顿了一下。她的焦虑显而易见。

"试着下潜，贾丝廷。你在这里是安全的。"

她似乎很惊愕。也许她仍然不习惯我叫她贾丝廷。她直视着我。我想象，很少有人告诉过她，她是安全的。

"好吧，"她深深吸了口气，"开始吧。我将从最严重的事情开始。大约一个月前，我从脚上切除了一颗痣，病理报告说这是一个恶性黑色素瘤。所以你可以想象，我对你的《叔本华的治疗》中的角色感兴趣。朱利亚斯，对吗？我反复读了描述他死亡的部分，每次都哭。"

"我很遗憾听到黑色素瘤的事，贾丝廷。告诉我你的医生是怎么说的。"

"情况不妙，但还可能更糟。我的病变部位轻微溃烂，长得相当深，大约四毫米，但第一个淋巴引流部位，即前哨淋巴结，是清楚的。你知道我在说什么吗？腹股沟淋巴结？当我和精神病医生交谈时，我从来不清楚，他们可以记住多少他们自己开的药。"

"我承认我对目前的很多医学知识掌握不足。但我曾与许多肿瘤病人打过交道，所以到目前为止，我可以跟上你。"

"很好。当然，没有结节问题是令人振奋的，但病变部位的深度并不是好消息。我不像朱利亚斯那样糟糕，可我复发概率很大。病理学家说，也许有近50%的可能性。所以我现在一直在努力接受这个事实。"

我们默默地坐了一会儿。我的心也跟着她一起跳着。50%的复发概率！如果真的复发，她会不会有什么问题？如果真的复发，她和我都知道，没有有效的治疗方法。我试着想象自己处于她的位置，感觉自己开始出汗。"这太难了，贾丝廷。但有个人可以分享，往往会有帮助的。"

"等等，还有呢。"

"对。我已经标记了你之前的声明：'我还有什么问题没有处理？'你的生活中还发生了什么？"

"我的工作占据了我大部分的生活空间，而工作是痛苦的。以阿斯特丽德为例。我照顾了她几个星期，很了解她，真的很了解，现在她死了。我们如此努力地工作着。她病得很重，离死亡很近；她的胆红素和凝血酶曾达到了峰值；她的黄疸是我见过的病人中最严重的；奇迹般地，她的肝脏移植手术可以进行，我们救了她，使她恢复了健康。而现在，几个月后，突然，就像那样，她死了。而她只不过是很多病人中的一个。这是我大多数病人的故事，我的囊性纤维化肺移植患者，我的晚期卵巢癌、宫颈癌或胰腺癌患者。我接近他们，拼命工作以拯救他们，结果是什么呢？一般来说，他们很快就会死去。我只是护送他们走过死亡之谷。我的巨大困境是，如果我保持距离，我就是一个没有做好工作的坏护士。然而，如果我全心全意投入我的工作，我就会被烤焦。"

"听起来很熟悉，贾丝廷。非常熟悉。让我和你分享一些事情。那一天，当你第一次在阿斯特丽德的追悼会上拍我肩膀时，我没有太大反应，因为当时我陷入了沉思。与你同样的想法，确切的想法，在我的脑海中流淌。那么多的工作，我的工作，阿斯特丽德的工作，你的工作，然后，在一瞬间，她就走了。我很难想明白。"

"上周，我一直在犹豫是否要拍你肩膀。我有一种感觉，好像会打断什么。"

"我很高兴你抓住了这个机会。让我们继续吧。在你的余生中，还有更多的事情我们应该谈谈吗？"

贾丝廷慢慢点了点头。"我的余生……这就是问题所在。没有足够的其余部分。我的生活太小了。我的丈夫和我在20多年前就分开了。"她深吸了一口气，"现在是最困难的部分。我过去有一个孩子……有一个孩子……一个海洛因成瘾者。他在圣昆廷监狱因致命攻击、贩毒和入室盗窃而服刑十年。"

"当你说'过去有一个孩子'时，我一开始以为你在说他已经死了。"

"这正是我的意思。对我来说，他已经死了，我祈祷我再也见不到他。我已经把他忘了，彻彻底底地。我没有孩子，我很孤独。"

"有很多痛苦。"

"一旦我放任自己思考这些，我就会痛苦。但正如我说的，我已经把他忘了。这些年来，痛苦是无法忍受的。他以各种方式伤害了我。最后，他从我这里偷走了他能偷走的一切，然后还有一些别的。"

"你有没有为这些事情寻求过帮助：你对工作的感受、你的黑色素瘤、你的丈夫、你的儿子？"

贾丝廷摇了摇头。"从来没有。我是个强硬的女巫。这是我的名声，我想我以此为乐。我可以照顾好自己。即使现在和你在这里，请注意，我的要求不多。面谈两次，也许三次，就足够让我重新找准方向。此外，我还欠着我儿子偷窃的信用卡债务，我不认为我还能负担更多。而且，如果黑色素瘤复发并开始扩散，谁知道我还能坚持工作多久。"她停下来，直视着我，"你能接受吗？真正的短期？我想让你跟我说实话。阿斯特丽德告诉我，你不是一个胡说八道的人。"

"我对短期没有意见。让我们计划三个疗程，今天一次，再来两次。如果你发现你将来需要更多，我们可以重新商量。而且，说实话，关于短期，有一些东西让人感觉很舒服。你

　　　　　　　　　　　　　一日浮生

的'烤焦'一词对我来说很有意义。阿斯特丽德的死让我很焦灼。是的，短期对我来说听起来不错。我认为它不引发焦灼感。"

"哇，她是对的，你不是胡说八道的人。我有点儿不习惯，病房里的心理医生，他们总是在耍滑头。"

"我会极力避免耍滑头。现在让我问你一个你可能没有想到的问题。到目前为止，你在这次治疗中的情况如何？我们才刚刚开始，我知道，但你已经讲述了很多你的个人生活，我有一种直觉，这对你来说是不同寻常的。"

"极其不同寻常。但你让它的痛苦降到最低。我确实向两个好朋友敞开了自己的心扉，康妮和杰基，我大学时代的朋友。我们住在美国的不同地方，我们通过 Skype 或电话保持联系，每周至少一次。康妮的父母在密歇根湖上有一个很棒的度假屋，我们每年夏天都会聚一次。"

"她们是亲密的知己？"

贾丝廷点了点头。"是的，她们几乎什么都知道。甚至是我儿子的事。她们是我唯一的知己。"

"除了我之外？"

"对。但我还没有告诉她们黑色素瘤的事。那件事我只和你分享过。"

"为何？"

"我想你知道。癌症实在是太沉重了。除非是亲密的家人，否则人们会跑得远远的。"

"她们会跑吗？康妮和杰基？"

"嗯，不确定。可能不会。"

"那么你不告诉她们是因为……？"

"嘿，让女孩喘口气。"

"我逼得太紧了？对不起。"

"不，不。不要停下来。这可能对我有好处。我是一个强硬的女巫，总是做推动的工作。对我来说，身份的转换也是一种教育。更重要的是，你推的位置很对。你的鼻子很灵，因为下个月我和康妮、杰基的重逢日就要到了，过去几周，我一直在考虑要不要告诉她们。事实上，说实话，我犹豫不决，不确定是否告诉她们，这份犹豫可能是联系你的主要原因。"

"让我们深入探讨一下。如果告诉她们这事，你最担心什么？"

"怜悯，我想是……怜悯和退缩。我与她们的联系，是我感觉最真实的部分，我不想危及这部分，我担心会失去她们。当年在纽约，我还是一个孩子，每年夏天，我的祖母都会凑钱送我去阿迪朗达克山的营地。我们大多数人去两个月，但有些人只去一个月。我记得在第一个月快结束的时候，我从那些提前离开的人群里退出来，把时间花在那些留下来的人身上。与临终者多打交道，没有未来的。"

"你抓住了机会，告诉了我黑色素瘤的情况。你有什么问题要问我吗？"

　　　　　　　　　　　　　　　一日浮生

贾丝廷直视着我，难以置信地看着我。"哇，这真是一个新的转折。我不认为心理医生会回答问题。"她想了一会儿，然后说，"是的，我确实有一个，如果你愿意的话。你怜悯我吗？"

　　"说实话，我不是想回避你的问题，但这个词，'怜悯'，让我感到困惑。你必须更清楚地说明你的'怜悯'是什么意思。"

　　"为什么我认为你在回避我的问题？在这里，让我换一种说法。当我告诉你黑色素瘤的时候，你对我到底是什么感觉？"

　　"悲伤、同情、关切，这些是我对你的第一感觉。然后我想象，自己被告知有黑色素瘤时，我会感到恐惧，我几乎能感觉到自己开始出汗。你的'怜悯'一词的问题是，它含有一个'其他'甚至是'比我渺小'的意味。我怜悯一只饥饿的狗，或一只受伤的小猫。但是，贾丝廷，你不是'其他'，你和我没有什么不同。你正面临着我们所有人迟早都要面对的问题。我没有具体的疾病，但我年事已高，不得不时常思考生命终结的问题。我的预感是，你的好朋友们也会有类似的反应。我个人无法想象你会被抛弃，我也无法想象，她们会抛弃你。"

　　在我们第二次见面时，贾丝廷感谢我的建议。她确实把她的黑色素瘤告诉了她的两个朋友，而她们也慷慨地、充满爱意地做出了回应。她看起来更温暖了，用一个短暂的微笑感谢我，然后转向她儿子的话题。在接下来的咨询中，关于这个唯一的孩子，她讲述了噩梦般的故事。

"也许我不应该结婚，我从没想过要结婚。我生来就很笨拙，很笨拙。我从来没有吸引力，没有与生俱来的女性小心思、小诡计，也没有女性导师。我母亲在我九岁时死于宫颈癌。我没有兄弟姐妹，父亲大多数时间不在身边，他是个粗暴的、没受过教育的人，是个卡车司机，只在周末回家。我的外祖母，是一位来自南斯拉夫的移民，她抚养我长大。她是一个不快乐的女人，几乎不会说英语。男人不看我，虽然我有过一些性经历，但我从来没有和男人建立过良好的关系。如果我没有怀孕，并且在祖母的帮助下，强迫孩子的父亲与我结婚，我可能永远不会结婚。这发生在我上完护士学校的五年后。我的婚姻是个错误：他是个粗暴的酒鬼，对我和詹姆斯都很粗暴，有一天在他工作时，我收拾好行李，和当年三岁的詹姆斯一起离开，搬到几百英里外的芝加哥，在那里，我在迈克尔·里斯医院得到了一份工作。我再也没有回头看一眼，再也没有联系过我的丈夫。我怀疑他是否会努力寻找我们。他可能对我们的离开感到解脱。"

"继续说。告诉我你和詹姆斯的事。"

"我为他尽力了。我每周做 40 个小时的护士，其余时间做母亲。我没有其他的生活，没有。而詹姆斯每一步都是问题：睡觉、走路、说话、与其他孩子玩耍，都是问题。在他的一生中，都有重大的纪律问题。我现在读了很多书，我认

　　　　　　　　　　　　　　一日浮生

为他生来就是一个反社会的人，他身上有一些深层的、内置的、遗传的、不可改变的东西。他还有严重的学习问题。他不能集中精力，从来没有学好过阅读，总是在特殊学校。若在今天，我怀疑他也会被诊断为严重的注意缺陷障碍。"

贾丝廷花了咨询时间的大部分，详细地告诉我詹姆斯的医疗和心理问题，以及所有尝试过的治疗方法。"我们尝试了很多药物，包括利他林、抗惊厥药，甚至还有抗精神病药。一切均毫无效果。我在医疗和心理援助上花了所有的钱。所有这些，都是徒劳的。

"当他进入青春期后，他开始大肆吸食娱乐性毒品，并使用任何他能找到的东西。我把他送到戒毒中心、康复牧场和荒无人烟的疗养院。他从每一个地方逃走，他对抗一切。然后，在 16 或 17 岁，他遇到了真正的毒品，特别是海洛因，他就永远与美好无缘了。从我那里，他偷了所有能偷的东西，包括从我的信用卡里偷了几千美元。他抢劫了我的邻居和朋友，我最后把他赶了出去，与他断绝关系。接下来，也是我最后一次听到有关他的消息——他在圣昆廷监狱。这就是我的故事，而且我已经讲得很累了。"贾丝廷靠在椅子上，用纸巾擦了擦眼睛。

过了一会儿，她抬起头，补充说："整个星期，我都在想象着给你讲这个故事。我排练了与你的对话，我想象着你的反应。"

"那是……？"

"我想象你询问我对詹姆斯幼年时的积极记忆，关于晚上哄他睡觉，关于我对他的温暖感觉，或我们共度的美好时光。而我对你的回答是，我记不起任何一个。我是认真的，一件都没有。"

"你是对的。你说得很对，这就是我想问的。而你的答案非常沉重，非常黑暗。你告诉我的事情让我很难过。为詹姆斯感到难过，但更多的，是为你感到难过。告诉我，你是否与康妮和杰基分享了这一切？"

"一切的一切。她们从一开始，就知道所有故事，当詹姆斯出生的时候，她们就跟着走了每一步。但今天，在这里，一次性讲完整个故事，是一种不同的体验。我从来没有和任何人这样做过。我精疲力竭。"

"我对问你更多的问题感到不安，但你最好是把它全部说出来，就像挖出一个脓包。告诉我，你现在和我在一起，经历了什么？"

"羞愧。就像你来到我的家中，看到的只是肮脏和破烂。"她稍稍停顿了一下，然后问，"你有孩子吗？"

"四个。我知道为人父母的感受，我能够感受到这对你来说是一种多么难以忍受的痛苦。但是，还是不要停下来。我希望你能继续表达这一切。"

"我一定是个可怕的母亲，但相信我，我试过了，我做了我力所能及的一切。但这是耻辱。它……詹姆斯……在圣昆廷的那个生物……不管你怎么说，他是我的一部分。他

一日浮生

被包裹在一面旗帜中，让所有人都能看到，上面写着'贾丝廷·柯西制造'。"

"你认为其他人会这么想吗？"

贾丝廷抽泣着点了点头。"是的，任何知道我故事的人。"

"我知道你的故事，我不这么认为。试着继续说说吧。还有什么问题要问我吗？"

"我是不是很可怕？我是一个可怕的母亲吗？我是詹姆斯吗？他是我吗？"

"以上都不是。我想让你知道，我是站在你这边的，贾丝廷。我是来帮助你的。没有一次，没有一个瞬间，这种想法进入过我的脑海。我现在经常想的是，你对自己是多么无情，多么苛刻。我们今天必须停止，但我想把我们最后一次咨询的内容，聚焦在'对自己好一点儿'的主题上。"

一周后，贾丝廷来到我的办公室，手里拿着一张折叠的纸。"我昨晚做了一个梦，从你的作品中，我知道你对梦境很关注。这个梦，在凌晨四点左右，把我吵醒了。我想它与你有关。"

"我们来一起看一下。"

她把纸展开。"这只是一个片段，我无法记住它的大部分内容……我正沿着一条小路走着，爬过一扇窗户，进入一个大而黑暗的房间。那条路让我想起了去你办公室的路，但现在是晚上，我看不到什么。然后，我一进入房间，就躲在一把很小的椅子后面等待。我手里拿着一件武器。突然间，我注意到那把椅子不见了。有人把它搬走了，我完全被看见了，完全没有保护。我吓得屁滚尿流。就在那时，我醒了过来，浑身是汗。"

"你对这个梦有什么直觉？"

"我不知道，一点儿头绪都没有。我们该如何进行下一步？"

"由于我们只有这最后一次咨询，我们没有时间探讨它。但一般来说，我会请你思考梦的某些部分，然后自由联想。也就是说，大声说出你的想法，让你的思想自由驰骋。但是鉴于我们的时间有限，让我先说说。这个梦让我印象深刻的，是它的地点。你说它与通往我办公室的路很像。此外，它是在我们咨询前一天晚上梦到的。你对此有什么想法吗？"

"那是你的路。我可以听到噼里啪啦的卵石声，就像你的人行道。但那扇窗户和那个非常大的房间，我并不熟悉。一个大房间，也许是一个电影场景？我不知道那是从哪里来的。"

"然后你试图躲起来，但躲在一把非常小的椅子后面，似乎并不能给你带来多少保护。然后，那情景很快就消失了。所以，你在我的办公室里，突然之间，你的藏身之处不见了。这让你想到了什么？"

"我知道你要去哪里了。我在这间办公室里，也许是你的办公室，我的掩护被扯走了，我无法躲藏，我变得非常害怕。"

"你说你的掩护被扯掉了，但你是通过你的决定来扯掉的。"

"这比我想象的要艰难。我无法或没有躲避你，我是赤裸裸的。"

"赤裸裸？"

"我不是那个意思……"贾丝廷脸红了，"我的意思是我把一切都说出来了。"

这句话很奇怪，可能有很多含义，但在这最后一次咨询中，我没有时间去探讨它。我给它贴上标签并把它放进仓库，便于将来贾丝廷选择做更长时间的治疗时使用。然后我回答说："这个梦的另一个方面是，那是一个晚上，你通过一扇窗户，偷偷地进入房间，你躲在里面。我想知道，这是不是指你与我联系的不寻常的方式。在阿斯特丽德的葬礼上见面，并在那里预约，与从我的前门进入我的办公室，在某种程度上是不同的。然后你确定这是一个非常短的咨询。"

"是的，这很正确。我明白你的意思。"

"但我一直在想你携带的那支手枪。你对它有什么直觉？"

"我从未说过手枪的事。我说我有一件武器。"

"告诉我。你的脑海中还能看到那个梦吗？"

贾丝廷闭上眼睛，似乎飘飘然了。"对，它在那里。我可以看到它，但它有点儿褪色，但我可以看到我带着一件武器，而且绝对不是手枪。我带着一个大的、巨大的东西。这是一个火箭筒……不，不，这是一个原子弹。"她睁开眼睛，摇了摇头。

"此刻有很多感觉。坚持住，继续前进。那件巨大的武器呢？"

"梦中说我很危险。"

"多说点儿关于危险的事。"

"事实是，我很危险，是带毒的。我充满了愤怒。关于每个人的坏的、愤怒的想法在我脑海中盘旋。这就是为什么我远离人群。这就是为什么我如此孤独。"

我们保持了一两分钟的沉默。时间已经到了。我犹豫了一下，同时拟定了我想要和需要对她说的内容。"有件事我一直想告诉你。我一直犹豫不决，直到现在。因为我想到病人的保密原则，会感到不舒服。这是阿斯特丽德在我们的治疗过程中告诉我的事情，通常我不会重复病人告诉我的事情。但这对你来说可能是非常重要的，我不能保持沉默。此外，我确信，阿斯特丽德不会介意我分享这个。"

贾丝廷的眼睛紧紧地盯着我。

"阿斯特丽德告诉我，有一次在她最糟糕的时候，充满了恐惧，确信自己快要死了，无法控制自己的抽泣。她正在等待家人的到来，这时一位护士弯下腰，在她耳边轻声说：'给孩子们做个榜样。'"

我停下来，瞥了一眼贾丝廷。她的脸，她的整个身体都死气沉沉的，仿佛凝固在时间中。

"她没有告诉我名字，只说是一个护士，她很严厉，但她非常尊重她。是你吗，贾丝廷？是你对她说的吗？"

"是的，是我对她说的。"

"阿斯特丽德告诉我，那些话，你的话，是'蜕变'性的。她称这是她磨难中的转折点，是她所听到的最有帮助的话。"

"为什么？怎么会？"

"她说，这句话立即奇迹般地把她带出了自我，这句话让她想到了别人，这句话给了她一种意义，这句话告诉她，即使她要死了，她仍然有东西可以提供给她的家人——她可以示范如何面对死亡。你给了她一个无价的礼物。"

贾丝廷沉默地坐了很久，直到她说："天哪。这是最残酷的笑话。"她凝视着我办公室的窗户，望着远方，她说得好像很恍惚。"最残酷的笑话。你看，我不是在阿斯特丽德的耳边说的。我是嘶喊着说的。是的，声嘶力竭的那种。阿斯特丽德拥有一切——满屋子的漂亮花瓶和鲜花，一个高尔夫球大小的钻石戒指……出色的孙辈，大家庭和朋友们都围着她。我愿意付出一切，来拥有她的生活——即使要患上她的疾病。她穿着粉蓝色的开司米长袍，为络绎不绝的美丽访客和朋友们举行宴会。她的丈夫给我讲了一百次他那该死的游艇。她的治疗师和朋友是有名的亚隆博士，她的床边铺满了他签名的书。然而，尽管如此，她所做的，只是日复一日地呜咽和抽泣。她很可怜。我对她充满恶意、怨恨和嫉妒，我被她气晕了。"

"然而，尽管如此，你是给她带来巨大安慰的人。她说，她'蜕变'了。你改变了她的生命。你知道了这些，准备做点儿什么？"

贾丝廷静静地坐着，慢慢地摇着她低下的头。

我瞥了一眼时钟。"我们的时间快到了，我正在努力寻找结束的契机。尽管你对自己有诸多指责，但你的内心找到了自我表达的适宜之语。最后，真正重要的，是行为而不是想法。让我们做一个思维实验，贾丝廷。"

她抬起头来，盯着我。

"想象一下，"我继续说，"就在我的办公室里，有一排你帮助过的人，也许甚至改变过的人。这条线从这里开始，"我指着我椅子附近的一个地方，"想象一下，所有对你心存感激的人，不管是死是活。你能看到你记得的人吗？请努力尝试。"

贾丝廷默默地点了点头。

"我可以想象，"我尝试说道，"一条非常长的队伍从办公室蜿蜒而出，一直到街上。对吗？"

"是的，"贾丝廷轻声说，"我可以看到他们。他们在迈克尔·里斯医院时的日子。我看到活人和死人，康复者和奄奄一息者。我看到阿斯特丽德站在队伍的最前面，是的，它确实延伸得很远，一直延伸到我能看到的最远处。"停顿良久，她说，"谢谢你，这很有帮助。但还有很多东西没有解决。我的愤怒并没有平息。那些恶毒的想法无处不在，伺机而动。"

"那些想法是旧的、陈旧的，可以追溯到你早期坎坷、不

一日浮生

幸的日子。而你的愤怒是诚实的产物。当然，你的大部分愤怒和内疚，仍然与你的儿子联系在一起，他被剥夺了所有权，但正如我们都知道的，他没有被遗忘。所有这些感觉，都必须被挖掘出来，仔细检查，最后，被疏散。这将需要时间和指导，但你可以做到。我确信这一点，如果你愿意，我很乐意做这个向导。"

贾丝廷坐在那里，泪水顺着她的脸颊流下。她不再冷硬，不再像旧时的马库姆小姐，而是变得更柔和了，几乎是迷人的，几乎可以拥抱她。她抬起下巴："你真这么想的？你曾说的被烤焦的话呢？"

"不做正确的事比被'烤焦'更糟糕。而且更重要的是，你值得我这样做。只要你准备好了就给我打电话。"

贾丝廷站起来，收起她的东西，我和她一起走到门口。当她离开时，她回头看了我最后一眼。我在她的眼睛里看到了痛苦和悲伤，也许还有自豪感。我希望她会打电话来。

第 7 章

放下过去会变好的执念

她在年老退休时决定响应写作天
命的召唤，却害怕面对过去文字
记录的黑暗岁月和无法承受的生
命之重。两个作家之间的咨访关
系，是否能写出疗愈的新篇章？

"我希望这次的咨询与我们上次不同，我想进行一次彻底的改变。60岁生日即将临近，我想改变我的生活。"

这就是莎莉的第一句话。她是一个俊美、直率的女人，她直视我的眼睛，紧紧盯着我。她指的是我们六年前的治疗，当时她要求进行四次治疗，而且只有四次，以帮助她处理父亲去世后长期的悲痛。虽然她有效地利用了那段时间，并在一定程度上探讨了她与父母之间暴风雨般的关系，但我感觉到还有很多东西需要关注，但莎莉一直坚定地希望只做四次治疗。

"我不确定你对我有多少印象，"她继续说，"但我一直在做物理学技术员，这是我想改变的事情。事实是，我的心从未扑在那份工作上。真正呼召我的是写作。我想成为一名作家。"

"我不记得你以前提到过这点。"

"我知道。那时我还没有准备好谈论它，甚至不愿意和自己谈这个问题。现在我已经准备好了。而且我又联系了你，因为我知道你是个作家，我想你能帮助我找到成为一个真正的作家的方法。"

"我会尽我所能。同我说说吧。"

"我已经做出决定，把写作放在第一位。我现在有足够的钱来做这件事，有退休福利和丈夫的工作。他是一名航空公司的飞行员，赚得盆满钵满，至少在未来五年会如此。最重要的是，我绝对有才华。"

"绝对有才华？说说看。"

"我是说我肯定有一些天赋。我18岁时赢得了一个文学协会的新作家小说奖，4000美元，那是42年前的事了。"

"一个巨大的奖项！相当地荣耀！"

"后来发现，是相当大的诅咒。"

"怎么说？"

"我有这样的想法：我永远也不能辜负这个荣誉。我觉得自己是个冒牌货，害怕展示我的作品。"

"你写了什么？"

"应该问我一直在写什么？因为我从来没有停止过写作，什么都写——数不清的诗歌、故事和小逸事。"

"那你对你的所有作品做了什么？你有没有出版过任何作品？"

"除了让我获奖的长篇小说外，我什么也没发表。从未尝试过出版。一次也没有。但我还保留着我写过的每一篇作品。我不能寄出任何东西，也不能扔掉任何东西。我把所有东西放在一个大箱子里，用强力胶布贴住，封存了我从十几岁开始写的所有东西。"

一日浮生

一个密封的大箱子里装着她写过的所有东西！我的心开始狂跳。慢点儿，我对自己说，因为我正在滑向我的作家身份，并感到自己变得太投入了。我的好奇心被点燃了，我的同情心也是如此。当我想象自己一生的作品被存放在一个大箱子里而无人问津时，我不寒而栗。不要过度认同，我告诉自己。这不会有什么好结果的。我转头看了看莎莉。

"这对你来说是什么感觉？"

"什么？把所有东西都放在那个箱子里？"

我点了点头。

"还不算太糟。眼不见，心不烦。这么着挺好的……直到现在。我可以告诉你很多关于'否认'的祝福，我一直认为你们的职业缺乏对'否认'的适当的感激、欣赏。"

"对！我们不邀请'否认'参加我们的篝火晚会。我承认，我希望我的病人在进门前脱下他们的'否认'并把它挂在衣帽间里。"

我们一起笑了。我们是一对好搭档。我上一次在咨询时间内说"篝火""脱衣"和"衣帽间"是什么时候？我感觉到我们已经舒适地滑入了作家状态下的对话。小心点儿，小心点儿，我想。她是来寻求帮助的，而不是来找人聊天的。

"那个箱子，你把它放在哪里？"

"实际上有两个箱子。1号箱子，主角，被塞得满满的，用胶带封住，存放在看不见的地方，在我衣柜的后面。这些年来，我扔掉了很多东西——衣服、照片、书，但保留了那个箱子。我把那个箱子带在身边，就像乌龟拖着它的壳。在我生命中的大部分时间里，我从一个住所搬到另一个住所，而箱子里面装着我从青春期到大约 15 年前的所有作品。2 号箱子，是我存放所有近期作品的地方，在我的书桌下放着，可以打开，处理公事。"

"所以你保存了你一生的写作成果，并把它放在身边，只是看与不看而已？"

"不，不是我的全部作品。早些年的一些好作品遭遇了悲惨的命运。"

"怎么讲？"

"这是个奇怪的故事。我很肯定在我们之前的治疗中，我没有告诉过你这些。我 14 岁的时候，有一天，我的伙伴和兄弟们都出去了，我开始在我父亲的卧室里窥探衣橱的抽屉。这种行为对于我算家常便饭。我不记得我在找什么，但我一直是一个铁杆儿的窥探者。在这个特殊的日子里，我在装有我父亲毛衣的抽屉里发现了我的两首诗。纸张似乎是潮湿的，好像是我父亲的眼泪落在了上面。我从来没有给过他我的诗，我对他拥有这些诗感到非常愤怒。他怎么可能得到我的诗稿？只有一个办法：他一定是在我上学的时候偷看了我的房间并偷走了它们。"

"于是……"

"好吧，我不能很好地与他对质，不是吗？那样的话，我就不得不承认我在他的衣橱里窥探。所以我只有一个办法。"

　　　　　　　　　　　　　　　　一日浮生

"那就是……"

"我烧掉了我写过的所有诗歌。"

哎哟！这感觉就像在我心脏上刺了一刀。我试图掩饰它，但她没有错过分毫。

"我说这话时，你吓了一跳。"

"烧掉你曾经写过的所有诗歌！"我正在努力想象那个 14 岁的女孩划着火柴，把她的诗烧掉的情景。多么痛苦、可怕，这种对自己的暴力！"告诉我，莎莉，你对那个年轻的 14 岁女孩有任何同情心吗？"莎莉看起来很感动。她把头向后仰，向上瞥了几秒钟，"嗯。我以前从未讨论过这个特别的问题。我得考虑一下。"

"让我们特别标注一下，确保我们以后可以再来讨论它，这很重要。不过现在，让我们多谈谈你来的原因。"我非常希望回到那个神秘的用胶带封住的箱子，它像磁铁吸引钉子一样吸引着我，但莎莉关于她父亲侵犯她的隐私时，她烧掉作品的故事让我暂停了。这种情况需要非常谨慎。我确信，她会回到那个箱子的，但只能按照她的节奏，只有在她做好准备的时候才行。

在接下来的几个月里，我们为她的新生活奠定基础。首先，她必须处理退休问题，这是一个重大的、令人恐惧的过渡，很少有人能平静地度过。尽管她充分意识到，在她的道路上有许多障碍。但她是一个有决心、有效率的女人，她编制了一份清单，将一个又一个项目勾掉。

首先，她必须接受她决定的不可逆转性。她所在的物理学领域发展迅速，她的知识库很快就会过时，而且她知道她不可能选择在短时间内改变主意，重新返岗。为了确保她的实验室在没有她的情况下也能正常运转，她在行政管理方面进行了周密的重组，以确保平稳过渡。

接下来，她解决了孤独的问题。她的丈夫计划继续飞行五年，而且50%的时间都不在身边，但她知道她可以依靠几位朋友。然后是经济问题。在我的建议下，她和丈夫咨询了一位财务顾问，得知他们有足够的资金用于退休，只要他们给孩子的钱少一点儿。然后他们安排了与两个儿子的会面，他们向她保证，他们可以自我管理。

她清单上的最后一项，"在哪里写作"，对莎莉来说是特别麻烦的，她为这个问题烦恼了好几个星期。为了写好作品，她需要绝对的安静、独处，以及与自然的充分接触。最终，她找到并租下了附近的一个阁楼，一棵巨大的加利福尼亚橡树环绕四周，拥楼入怀。

而后，有一天，令我非常震惊的是，她抱着一个两英尺见方的箱子走入我的办公室，这个箱子非常重，当她将其放在我们中间时，地板都在颤抖。我们坐在那里静静地看着它，直到她从包里拿出一把大剪子，跪在箱子旁边的地板上，看着我，说："我想，今天就是命定之日了。"

我试图让事情的节奏慢下来。莎莉的眼睛红了，嘴唇颤抖着，她握剪子的手似乎不稳。

　　　　　　　　　　　　　　　　一日浮生

"首先，让我问问你有什么感觉。你看起来很紧张，莎莉。"

她身体回正，回答说："甚至在我们第一次治疗之前，我就知道这一天会到来，这就是我要来见你的原因。我一直害怕这一天，好几个晚上几乎没有睡觉，特别是昨晚。但我今天早上醒来时，冥冥中知道，现在是时候了。"

"当你打开它时，你觉得会发生什么？"我过去曾提出过这个问题，但事实证明从未有答案。然而，在这一天，她坦然开口直言。

"我的生活中有很多黑暗的章节，比我传达给你的，更黑暗的章节，那个箱子里有很多黑暗的故事，我可能提到过这些故事，但只是在我们的治疗中，间接地提到。我害怕它们的力量，我不想再被吸进那些日子。我非常害怕。哦，是的，如你所知，我的家庭从外面看很好，但里面……里面有那么多痛苦。"

"是否有一个特别的故事或诗歌让你害怕再次读到？"

莎莉从地上站起来，放下剪刀，坐回椅子上。"是的，我在大学时写的一个故事，昨晚一直纠缠着我。故事我题为《坐车》，是关于我13岁时的故事，那段时间我非常不开心，认真考虑过自杀。在这个故事中——一个真实的故事——我登上一辆公共汽车，坐到了终点，然后一直来回坐了几个小时，考虑如何结束我的生命。"

"多说说关于昨晚不睡觉的情况。"

"这很糟糕。我的心脏跳得很厉害，我感到床在摇晃。我被那个特别的故事吓坏了：我整天坐在公交车上，想着要自杀，我记得当时找不到继续活下去的理由。我一直想象自己打开箱子，四处翻找，然后找到那个故事。"

"你那时 13 岁，而现在你刚满 60 岁。因此，这意味着乘坐公共汽车是 47 年前的事了。你不再是那个 13 岁的女孩了。你现在长大了；你嫁给了一个你爱的男人，做了两个好儿子的母亲；你喜欢活着，今天你在这里计划追求你真正的使命。你已经走了这么远，莎莉，但你却坚持认为你会被吸回到过去。这个奇怪的念头是如何、何时形成控制你的魔力的？"

"很久以前。这就是为什么我用胶带封住了箱子。"她又拿起了剪子，"也许这也是我把它带到你办公室来的原因。"

我扬了扬眉毛，给了她我最疑惑的眼神。"怎么讲？"

"也许，如果你和我在一起，你会守护着我，留我在这个世间。"

"我是一个好的守护者。"

"你保证？"

我点了点头。

就这样，莎莉再次跪在地上，有条不紊地剪断了胶带——尽量少损伤这个跟她生活了大半辈子的珍宝箱——她逐渐撬开了盖子。然后，她坐回椅子上，我们两个人都默默地注视着那些令人惊愕的纸堆，以及这些故纸堆里的内容，那尘封着她生活的文学记录。她随意挑了一张纸，默默地读了一首诗。

"请大点儿声。"

她惊恐地看着我。"我不习惯分享这些东西。"

"还有什么比现在更适合打破一个坏习惯呢?"

她看着这一页,手在颤抖。她清了几次嗓子。"嗯,这是一首我完全不记得的诗的第一行。它的日期是 1980 年。"

渴望文字

不是饥饿

而是疾病

缺少峰顶

舒适度崩塌

只是一片平坦

景致

吞噬了夜晚

像一列火车

穿越怀俄明州

漫游在那些思想的轨道上

我的脚步是为了攀登

就像那些鸟儿

在低潮岸边踱步

直到水或话语升起

平息所有的印记

无论是奇特之鸟

抑或奇怪的思想

泪水涌上我的眼眶。我一时间语塞。"这是一首令人惊叹的诗，莎莉。令人惊叹。我喜欢它，尤其是最后两句壮观的诗句。"

莎莉拿了一把纸巾，低下头，哭了几分钟。然后，她用纸巾擦了擦眼睛，抬头看了看我。"谢谢你。你无法想象，这意味着什么。"她在剩下的时间里翻阅了她生命中的古老篇章，偶尔大声朗读一些段落，然后，随着我们时间的结束，她坐回椅子上，深深呼吸两次。

"还在这里吗？和我一起共度当下？"我问道。

"仍然扎根在 2012 年。我很高兴你在这里。谢谢你。没有你，我不可能打开这个。"

我瞥了一眼时钟。我们已经超时了一小时。有时，病人看到这一眼，就会得出结论，我正迫不及待地等着这一小时结束。但往往，像今天这样，情况恰恰相反。我希望我们有更多的时间去探索我们所来之径。

"我们现在不得不停下来，但首先我们应该计划如何继续。可以肯定的是，我认为我们应该在明天或后天见面。"

莎莉点头表示同意。

"你觉得在家里翻看你的文章舒服吗？还是你愿意把箱子留在我这里，我们下次再继续一起看。"

在她思考我的问题时，我补充说："我保证不偷看。"

莎莉选择了把箱子带回家，两天后再见面。在她离开后，我思忖，我的职业何等特别，何等荣幸，能够分享如此关键和珍贵的时刻！听她读自己的诗是一种享受。我是音盲，从不欣赏音乐会或歌剧，但一直很喜欢口语——戏剧，尤其是诗歌朗诵。而在这里，那一天，别人付费，请我免费观看这场非凡的戏剧，并聆听精巧的诗歌。我感到很内疚，因为我非常享受与莎莉在一起的这一小时。当然，我知道这是有问题的——毫无疑问，"移情"一直在这次咨询中游荡，而她父亲的形象盘旋在我面前，大大增加了她与我的分享工作的复杂性。还有一个问题是，我这个专业作家，该如何对她的艺术创作做出反应。一些治疗师拒绝阅读病人的作品，因为他们担心会破坏双方的关系。他们担心，如果他们不喜欢或不能理解这些文章，他们该如何回应。我从来没有被这个问题困扰过。我对任何寻求培养创造力的人都非常尊重。如果文章不符合我的品味，我总能找到一些让我感动的句子，告诉作者。这种做法总是受到欢迎，而且通常有助于作家提升他们的作品质量。在这个例子中，没有出现任何问题，因为莎莉是一个有天赋的作家，我所要做的就是说实话。

在许多个星期里，她通读了她的作品，并不厌其烦地将所有内容、每个字都输入她的电脑。这项任务被证明是治疗工作的宝藏，因为她在每次治疗中，都装满了她对父母、兄弟姐妹、朋友和过去恋人关系的生动回忆。在她20岁出头的时候，她写了一系列的诗，每首诗听起来都更加痛苦，更加绝望，预示着她首次婚姻的崩溃。有一天，她出现在我的办公室，手里拿着一捆写给奥斯汀的66首情诗，奥斯汀是她年轻时曾与之有过短暂激情的恋人。诗中咏唱出了激情飞扬、海枯石烂的爱，但她与奥斯汀的关系很快就达到了顶峰，然后带着恶臭的回味惨淡收场。她误判了他，最后感到被剥削，受创伤。因此，当她发现这些诗时，她的第一个冲动是厌恶，她曾想烧掉它们，但她延迟了行动，想等到与我交谈之后再说。我对这个想法感到很震惊。我从来不烧任何东西，有一个名为"剪辑"的大文件夹，存放着从我的小说和故事中剪下的所有材料。我把这些都告诉了莎莉，尝试呼吁她把这些诗从火中救出来。为了拖延时间，我请莎莉朗读了一些关于奥斯汀的诗作。她用颤抖的声音读了几段。

"我认为它们很可爱。"我说。

她开始流泪。"但它们是骗人的，而我也是骗子。我写这些诗的那几个月，是我生命中最辉煌的时刻，但这些诗却扎根于粪土。"我们在咨询的最后 15 分钟里，谈到许多伟大的艺术作品都有不光彩的开头。我提出了一个又一个的论据，为这些无辜诗作的生命辩护。我告诉她，将粪土转化为美丽是艺术的胜利，如果不是因为错误的激情、死亡、绝望和丧失，大量的艺术作品就不会问世。她最终首肯，并将这 66 首致奥斯汀的诗作转录到电脑中。我觉得自己像个英雄，从火中救出了珍贵的古代手稿。

很久以后，当我们回顾我们的治疗时，我了解到这一情节远不止是一个简短的话题，它是解开神秘密封箱子的主要动因。因为莎莉对这件事和她参与奥斯汀精心设计的捆绑仪式，感到异常羞愧，在这几十年里，她从未与一个活着的灵魂分享过这些。向我重新坦白并得到支持性的回应，对她产生了巨大影响。她感到极大的释放，第一次，她在治疗结束时，要求并得到了一个拥抱。

那天晚上她做了一个梦。"我发现我的门边有一堆折叠的衣物——有人，可能是我丈夫，放在那里的。我开始把它放回洗衣机里——它可能会在那里积聚灰尘——但后来我决定不这样做，把衣服放在我的衣橱里。"梦中的信息清楚无误：她已经没有脏衣服可洗了。

一直以来，莎莉筛选她的故事和诗歌，我们讨论其中包含的各种丰富的议题，我期待着更多预示性的主题浮出水面。那些导致她一生都在埋头写作的黑暗作品在哪里？例如，那个可怕的公共汽车故事在哪里？

然后有一天，它来了。她拿着一个文件夹走进我的办公室。"这就是那个故事。请你读一下。"

我打开文件夹。这篇五页纸的故事题为《坐车》。这是一个简单的故事，讲述了一个年轻女孩，因与父母的争吵和残酷的同学嘲弄而大受打击。她决定缩短剩余的学习时间，并第一次认真考虑自杀。那是一个寒冷的冬天，走一个小时的路回家太冷了，但她却没有钱坐公交车。她父亲的办公室就在附近，但前一天他在与她母亲的激烈冲突中拒绝向她提供援助，而她仍然对他怒不可遏，不想搭他的车回家，也不想向他要车钱。于是，这个年轻的女孩走上公交车，把口袋翻出来，表示她没有钱。公交车司机开始拒绝她上车，但看到她因寒冷而颤抖的样子，还是点头让她上了车。她坐在公交车的后面。她在整个旅途中轻声哭泣。到达终点后，所有乘客都下了车，司机关掉了引擎。当他正准备下车喝杯咖啡休息十分钟时，他注意到了那个哭泣的女孩，并问她为什么还不下车。她告诉他她住在路线的另一端，他不仅让她留在车上，还为她买了一杯可乐，并邀请她坐在他身边，坐在前面的暖气旁。在接下来的时间里，女孩和司机一起在公交车上往返于起点和终点之间。

我从故事中抬起头来。"这就是你非常害怕的那个黑暗故事？"

"不，我从未发现那个故事。"

"那这个故事呢？"

"我昨天写的。"

我无言以对。我们沉默地坐了几分钟，直到我大胆地说："你知道我一直在想什么？还记得几周前我对你说的话吗？当时你已经意识到，你的父母并不是残忍地扣留了给你的爱，而是他们根本没有爱可以给。"

"我记得一清二楚。那时你说，我必须放下过去会变好的执念。这句话引起了我的关注，并从那时起，一直在我脑海中盘旋。我不喜欢它，但它很有帮助。它让我跨过了一个艰难的节点。"

"放下过去会变好的执念，是一个有力量的想法。我曾用这句话帮助过许多人，它也对我的个人生活有帮助。但今天，在这里，"我把故事递还给她，"你补了一个创造性的、意想不到的神来之笔，可谓峰回路转。你没有放下过去会变好的执念；相反，你为自己书写了一个新的过往。你采用的路线令人耳目一新。"

莎莉把故事放回她的公文包里，抬起头来，微笑着，说出了我所听过的、最可爱的赞美之一。"如果你遇到一位善良的公共汽车司机，就没那么难了。"

第 8 章
你自己得个绝症试试

亚隆与一位行将就木的癌症晚期
的老妇，再一次直视骄阳。

在夏威夷进行为期一个月的写作静修时，我很震惊地收到了我的病人艾丽的这封邮件。

> 你好，欧文：
>
> 　我很抱歉，我不得不以这种方式告别，而不是当面辞别。一个多星期前，我的病情恶化了很多，我决定做一个 VSED（voluntarily stopping eating and drinking，自主停止饮食）的过程，以便更快地死去，减少痛苦。我已经超过 72 小时没有喝任何东西了，应该（根据我所读到的和被告知的）很快会开始"消退"，最多几周内死亡。我也已经停止了化疗。再见了，欧文。

从我们工作一开始，我就知道艾丽会死于癌症，但即便如此，我还是被这个消息惊呆了。

我关上电脑，把工作放在一边，凝视着大海。

艾丽第一次进入我的生活是在五个月前，也是通过电子邮件。

亲爱的亚隆博士：

　　大约一年多以前，我参加了你在旧金山马什剧院的广播采访，立刻觉得你是一个很好的咨询师。我也喜欢你的书《直视骄阳：征服死亡恐惧》。我的情况是，我今年63岁，得了一种致命的疾病（复发性卵巢癌，大约三年前初步诊断）。我目前身体感觉很好，但我正在经历所有已知的能控制疾病的药物化疗，随着每一种药物的副作用越来越大，我可以感觉到终点越来越近。我想我可以求助于你，来弄清楚在这种情况下，何为最好的生活方式。我想，不，我肯定，我对死亡想得太多了。我不考虑持续的咨询，也许一两次就足够了。

　　我并没有觉得艾丽的邮件不合时宜或不寻常（除了写得很好和标点符号很严谨之外）。在我的工作中，几乎总有一两个身患绝症的病人来咨询，而且我越来越相信，即使在简短的咨询中，我也能提供一些有价值的东西。我立即回复了她，建议她提前一周预约，提供了地址，告知她费用。

　　当她出现在我旧金山办公室的门口时，她一开口就大汗淋漓，用折叠的报纸做成扇子扇风，说："请给我水！"她从位于米申区的公寓附近的拐角处快速地赶上了一辆公交车，然后爬过两个陡峭的街区，来到我位于俄罗斯山顶上的办公室。

　　艾丽年事已高，身材矮小，大约157.5厘米。她显然不注意自己的外表：头发打结，每个发结似乎都在呼喊着"想要被梳理"；衣服松垮；不戴珠宝；不化妆。艾丽给我的印象是一个褪色的、令人怀念的花季少年，一个来自20世纪60年代的难民。她的嘴唇苍白而干裂，脸显示出疲惫，也许甚至是绝望。但她的眼睛，她大大的棕色眼睛，闪烁着强烈的光芒。

我取来一杯冰水，放在她椅子旁边的小桌子上，在她对面坐下。"我知道你到这里来多么艰难，喘口气，冷静一下，然后我们开始吧。"

她没有花时间恢复。"我读过你的一些书，几乎不能相信我会在你的办公室里。我很感激，最感激的是你这么快速的回应。"

"告诉我更多我应该知道的关于你的事情，以及我可以如何提供帮助。"

艾丽选择从她的病史开始，用机械的语气详细描述她患卵巢癌的过程。当我回应说，她似乎与自己所言有些脱节时，她点了点头，回答说："有时我会'自动驾驶'。这个故事我已经讲过很多次了。太多次了！但是，嘿，嘿，"她急忙补充道，"我在配合。我知道你需要知道我的病史。我知道你必须了解这部分。然而，我仍然不希望你把我定义为一个癌症病人。"

"我不会那样做的，艾丽。我保证。但是，还是要让我多了解一点儿。你的邮件说你已经用尽了几种化疗药物。你的肿瘤医生是怎么说的？你的病有多严重？"

"一个月前，在我们最后一次面诊时，他对我说的话是'我们已经没有选择了'。我很了解他。我研究他很久了。我知道他委婉的说话方式。我知道他其实是在说，'这种癌症正在活生生地吞噬你，艾丽，我无法阻止它'。他已经尝试了所有的新药，每一种都有功效，但每一种都在起效一段时间后效能减弱，最后完全无效。一个月前，在我们的面诊中，我使劲催促他，真的是使劲催促，要求他提供直接信息。他有点儿坐立不安。他看起来很不舒服，颇为难过，我为向他施压而感到内疚。他是一个非常好的人。最后，他回答说，'我很抱歉，但我认为我们的时间不会超过一年'。"

"一个很难消化的消息，艾丽。"

"从某方面来说，是的，非常难。但在另一个方面，我几乎感到解脱。终于，终于从医学角度得到了一个直截了当的消息，这让我松了一口气。我知道会有这样的结果。他没有告诉我任何我不知道的事情。毕竟，两年前我就听到他说过，我很可能无法在这种癌症中存活下来。在这段时间里，我的感受排山倒海地接连扑来。起初，我对'癌症'这个词感到厌烦。我觉得被污染了，我感到恐惧，好像自己被毁了。我很难记住那些日子，但我是个作家，我记下了那段时间我的感受。如果你愿意，我很乐意把它们通过电子邮件发给你。"

"我非常想看到它们。"我确实是这么想的。艾丽给我的印象是不寻常地清晰和善于表达。我很少听到一个病人如此直率地讨论致命的问题。

"渐渐地，"她继续说，"那种恐惧已经消除了很多，尽管有些时候，我仍然通过想象癌症的模样来吓唬自己。我花了几个小时，在网上搜索卵巢被癌症侵袭的图片。我想知道它是否会膨胀，是否即将爆裂，并在爆裂后将癌症种子喷撒在我的腹部。当然，我只是在猜测这一切，但有一件事我可以肯定，有限的时间已经改变了我原来计划的生活方式。"

"怎么讲？"

"许多方面。首先，我对钱的感觉不同了，非常不同。我没有多少钱，但我想我不妨花光我所拥有的。我从来没有什么钱。我一生中大部分时间都在做低薪的工作，作为一个科学作家和编辑……"

"哦，这就解释了那封写得很好、标点符号一丝不苟的电子邮件。"

"是的，天哪，我憎恨电子邮件对语言的影响！"艾丽的声音变得更加激动，"没有人关心拼写或标点符号，也没有人关心快乐、充实的句子。小心点儿，我可以永远谈论这个问题。"

"对不起，我让你跑题了。你刚才说的是你对钱的态度。"

"对。我从来没有赚到过很多钱，从来没有关注过它。而且我从未结过婚，也没有孩子，我认为没有必要把钱留下来。所以，在我最后一次与我的肿瘤医生谈话后，我做了一个重大决定。我打算花光我的积蓄，和朋友一起，去欧洲所有那些我一直想去地方旅行。这将是一次盛大的旅行，是一次真正超一流的挥霍。"艾丽的脸闪闪发光，她的声音也变得生动起来，"我非常期待这个。我想我是在赌，我赌我的医生是对的。他说是一年，所以我给自己留了点儿余地，留出足够的钱让我坚持一年半的时间，我打算把剩下的钱都用在我的旅行上。一口气砸钱的那种。"

"如果你的医生说错了呢？如果你活得更久呢？"

"如果他是错的，那么，用技术术语来说，我完全被耍了。"艾丽闪过一个大大的恶作剧的笑容，我也马上咧开嘴笑了。我从她的打赌中得到了很大的乐趣。我自己一直喜欢打赌，从来没有拒绝过与我的朋友，甚至我的孩子，在棒球或足球比赛上打赌的提议，我享受我的几次赛马之旅，并且总是对我正在进行的扑克游戏津津乐道。此外，一想到艾丽的盛大旅行，我就感到欣喜。

她描述了她心中的忙乱。"我有一些好时光，但我经常想象自己的未来，虚弱、衰弱、接近死亡。我经常问自己，我在最后会不会渴望有人陪我？我是否会害怕孤独？我是否会成为别人的负担？有时我想象自己的行为，像一只垂死的动物，爬到一个山洞里躲避世界。我独自生活，我不喜欢这样。有时我想做我以前做的事，租一个很大的地方，找一帮全新的室友。但我现在怎么能这么做呢？想象一下，在广告中寻找室友，然后说，'哦，顺便说一下，我很快就会死于癌症'。所以那些是糟糕的日子。但是，正如我所说，也有好时光。"

"那些好日子里你的想法呢？"

"我经常检查自己的情况。我问，你怎么样，艾丽？我给自己讲自己的故事。我提醒自己采用积极视角，例如，我现

一日浮生

在还活着，我很高兴参与到生活中，而不是像一年前那样被忧虑所麻痹。但内心深处，越来越多的黑暗聚集着。我意识到我有一个致命的状况。"

"一直如此？"

"一直如此。它是永远不会消失的状态。当我遇到一个怀孕的朋友时，我开始计算当孩子出生时我是否还活着。我接受的化疗让我感觉很糟糕。我不断问自己，这值得吗？我经常有减少剂量的想法，试图进行微调，以便我可以感觉更好。我想少活几个月，比如说有九个或十个月的好日子，而不是一年的坏日子。然后，还有一件事，有时我为没有经历过的生活感到悲伤，我想，我是有遗憾的。"

这句话一下子就引起了我的注意。对遗憾的探讨几乎总是将讨论引向深入。

"什么样的遗憾，艾丽？"

"我想是对自己不够大胆的遗憾。"

"大胆？怎么会呢？"

她叹了口气，想了一会儿。"我太内向了。我一直隐藏得很好，从未结婚，从未在工作中为自己站出来，从未要求获得更多的钱，从未说过话。"

我考虑过追问她声音中的渴望和悲伤，但选择了一条更大胆的道路。"艾丽，这可能看起来是一个奇怪的问题，但让我问你，在今天与我的谈话中，你是否足够大胆？"

我在冒险。虽然艾丽很诚实，分享了一些困难的事情，但不知为什么，出于我不能完全说清楚的原因，我感到我们之间有某种距离。也许我不一定对，但不知何故，我们并没有完全投入，我想弥补这一点。许多患有致命疾病的人感到孤立无援，认为别人与他们保持距离，我想确保这种情况不会在这里发生。将访谈的焦点引导到这里，总能加强治疗师和病人之间的联系，使治疗变得更加生动。

艾丽被我的问题吓了一跳。她大声对自己说了两三次："我在这里够大胆吗？"她闭上眼睛，想了几秒钟，然后突然睁开眼睛，转身直视我的眼睛，坚定地说："不，当然不是。"

"如果你在这里放肆，你会对我说什么？"

"我会说，你为什么要收我这么多钱？你为什么需要这么多钱？"

我愣住了。正如我经常做的那样，我故意用条件时态来表述我的话，以鼓励大胆的行为，但是，在我想象得最远的领域里，我从来没有想到这个受伤的、温顺的、说话温和的女人会做出如此大胆的反应，她似乎对我能见她而感激不尽。

"呃……呃，"我结结巴巴地说，"我有点呃，呃……慌乱。我不太知道该怎么回答你。"我想不清楚，停顿了一下，梳理我的想法。我对自己的收费感到一阵羞愧，特别是当我想到她是如何节衣缩食，乘公共汽车到我的办公室，为她的盛大旅行攒钱时。在这样的困境中，我最终求助于我个人的口头禅，"说实话""说实话""说实话"（至少我认为这对我的病人有帮助）。过了一会儿，我重整旗鼓。

一日浮生

"好吧，艾丽，显然我对你说的这些，感到很不舒服，但首先我想让你知道，我是认真的，我对你刚才的大胆行为感到非常兴奋。而我之所以心慌意乱，是因为你触及了我个人的一个困境。我的第一反应是为自己辩护，对你说，'我的收费是旧金山精神病医生的标准价格'。但我知道这不是你的意思。我的收费很高，而你说得对，我不需要这么多钱。所以你是在让我面对自己处理金钱时的矛盾心理。我现在无法解决这个问题，但我知道有一件事是肯定的，我有一个提议。我想把你的费用减半。这样行吗？这能负担得起吗？"

艾丽表现出一丝惊讶，但随后只是礼貌性地点点头，然后迅速转移话题，讨论她的日常工作，以及她如何经常为自己制造麻烦，认为她必须要在有限的时间里，做一些非常有意义的事情，比如写回忆录或开博客。我同意，如果她想进行治疗，这可以是一个工作领域。但在我看来，她显然太快地从我们关于费用的讨论中跳了出来。有那么一会儿，我考虑建议我们重新审视我们对刚刚发生的事情的感觉，但后来我想，慢下来，你对她要求得太多了。这仅仅是第一次治疗。

艾丽看了看我们椅子之间桌子上的钟。我们的一小时快到了。她在匆忙之中，表达出一些对我的赞美。"今天和你谈话很愉快。你真的在听。你确实接纳了我。和你在一起，我感到很舒服。"

"你能说说我做了什么让你今天很舒服吗？"

艾丽停顿了几秒钟，盯着天花板，然后大胆地说："也许是因为你的年龄。我经常发现，和一个老人谈论死亡会更容易。也许这是因为我感觉到，老人已经考虑过他们自己的死亡。"

她所谓的赞美让我很不高兴。谈论她的死亡是合适的，但我是否签了字来谈论我的死亡？我决定说出我的感受。毕竟，如果我不打算诚实，我怎么能期望她诚实呢？我谨慎地选择了我的措辞。

"我知道你是好意，艾丽，你说的都是毋庸置疑的事实，我已经老了，相当老了，而且我对我的死亡想了很多。但我还是对你的回应感到有点儿不安。该怎么说呢？"我想了几秒钟，继续说，"你知道是什么原因吗？我想这是因为我不想被定义为一个老人。是的，是的，我肯定是这样的。这与你之前所说的有相似之处。这有助于我准确理解你所说的，不想被定义为'癌症病人'的意思。"

当一小时结束时，她问我们是否可以见面进行第二次治疗。事实证明，星期五，也就是我一直在旧金山的那一天，由于艾丽有化疗日程安排，往往并不适合她来和我见面。她也没有交通工具，能够到 35 英里外的帕洛阿尔托的办公室来见我。当我提出把她介绍给旧金山的另一位治疗师时，她拒绝了："我从这一小时中得到了很多。我觉得很有活力，仿佛我已经重新认识了生活。我知道，在我的电子邮件中，我只要求进行一两次咨询。但是现在……"她停了下来，深吸了一口气，整理了一下思路，转向我，说："现在我想向你求

一日浮生

件大事。我不想强人所难。我知道你可能没有办法，也不愿意做这件事，我知道我们的时间安排不太合适，我们不可能每周都见面。"她深吸了一口气，"但我想知道你是否愿意为我咨询，直到我死？"

"愿意为我咨询，直到我死？"多么好的问题！从来没有人提出过这样的问题。我从未见过有人如此……如此大胆地对我提出这个问题。我对她的邀请感到荣幸，很快就答应了。

在我们的第二次咨询中，艾丽带着一沓家庭老照片进来，并打算让我完全了解她的家庭情况。我确信，在遥远的过去寻寻觅觅，并不是我们的最佳方向，我想知道艾丽是否为了取悦我，误以为我想让她提供详尽的家族史。当我在寻找一种委婉的说法时，她开始充满感情地讲述她对她的姐妹兄弟的深爱。她的眼睛越来越湿润，当我问起她的眼泪时，她开始抽泣着说，再也见不到他们的痛苦令人难以忍受。然后，当她恢复平静时，她说："也许佛教徒说的是对的，'无牵无挂，无痛无苦'。"

我想说点儿有用的东西，就笨拙地摸索着试图区分"爱"和"执着"，但这完全没有进展。然后我评论了她的家庭关系所带来的丰富性和成就感，她温柔地让我知道，这样的提醒是不必要的，因为她已经完全欣赏她充满爱的家庭，而且想到当她需要的时候，她临终时，她的妹妹和兄弟，都会在她身边，她就感到欣慰。

这一连串的事件让我想起了心理治疗的重要原则，我已经从许多病人那里学到（也忘记了）许多次：我所能提供的最有价值的东西，就是我的全然同在。我想，就和她在一起吧。不要再试图去想一些智慧的、聪明的话语。放弃寻找改变一切的爆炸性解释。你的工作只是为她提供你的全然同在，相信她能从咨询中找到她需要的东西。

稍后，艾丽谈到她强烈希望找到一些能产生收入的工作。当她描述她的生活细节时，我越来越意识到，她真正的边缘性经济地位。她在旧金山最便宜的地区租了一间狭小的一室公寓，坚持节俭的生活方式，甚至拒绝乘坐出租车来我的山顶办公室。在过去的两年里，她病得很重，无法担任有报酬的职位，现在，只靠为朋友看孩子和做些编辑工作来赚取一点儿钱。我意识到，即使我将费用大大降低，对她依然是巨大的负担，会威胁到她渴望的盛大旅行计划。我支持她去旅行，我知道如果我无偿为她服务，她更有可能负担得起这笔费用，但我感觉到她的自尊心不允许她接受不付任何费用。然后我想到了一个可能会让艾丽更舒服的做法。

40 年前，我见过一个非常害羞的病人，她也是一个作家，也没有能力支付治疗费。我曾建议采用一种实验性的形式，让她在每次治疗后写一份总结，以代替付费，我也会这样做，每隔几周就写一次。我们会阅读对方的总结。我最初认为，这个练习只是我们两个人的学习工具——我希望她学会在评论我们的关系时更加诚实，而我个人也想释放身为作家的自己。但事实证明，这些总结在指导学生治疗师方面，

一日浮生

有很大的价值，所以病人和我共同把它们出版成书（《日益亲近》(*Every Day Gets a Little Closer*)）。我把这个项目告诉了艾丽，并建议她和我尝试重新进行这个试验。鉴于这不会是长期的治疗，我建议我们每个疗程都写一份总结，并在下次见面前，通过电子邮件发给对方。艾丽对这个想法很满意，我们都赞同立即开始。在她的第一次总结中，艾丽反思了与他人谈论她的疾病的问题。

> 与欧文交谈是一种解脱，因为他真正面对了自己的死亡问题。与他人谈论我的癌症，往往是相当困难的。我有很多讨厌的人，许多人都过于殷勤，但浮于表面。有一个医院护士一直在问："难道没有人可以开车送你来吗？"而有些人则过于爱窥探。我认为他们有偷窥癖，试图满足他们对癌症患者的病态好奇心。我不喜欢这样，有时想说："该死的，得你致命的病去吧。"

在我们接下来的咨询中，我犯了一个错误，说我钦佩她的勇气，这在她接下来的总结中引发了激烈的回应。

> 太多的人过于恭敬，夸夸其谈，说"你真勇敢"，而欧文也恰恰落入了这个俗套。毕竟，得了癌症有什么好勇敢的？一旦患上，我们还有什么选择？但最糟糕的是——感谢上天，欧文没有这样做，至少目前还没有——大说特说这些病人勇敢地与癌症斗争。这纯属无稽之谈，这些斗争往往以失败告终。你看到有

多少讣告说"某某某与癌症勇敢抗争后，不幸阵地失守"？我讨厌这种说法！我绝对讨厌这种说法。我就是讨厌这样！如果有人在我的讣告中这么写，我一定杀个回马枪，宰了他！

不过，艾丽的健康状况很快就迅速恶化。她的化疗不再有效，变得疲惫和厌食，并需要住院几次来处理她的腹水——腹腔积水。很显然，艾丽的旅行梦想无法实现了——她和我都没有再提过这个问题，也不会有一本总结我们的咨询的书出版。我们最后只见了六次面，而我们的总结都是呆板的、枯燥的。虽然她的总结有一些闪光点，但她的疲惫暴露无遗，而且她在总结中反复表达了对我为她免费咨询的感激之情。我的总结是谨慎而流于表面的，因为很明显，艾丽没有精力参与。她显然快死了，对我们关系的细微之处进行评论，我觉得是不合适的。因此，我们错过了彼此，也没有经历过我最初寻找的那种真实的相遇。

此外，在这段时间里，我完全被完成一部小说（《斯宾诺莎问题》（*The Spinoza Problem*））的任务所困扰。我离开住地，开始计划已久的一个月的静修，在这期间，我把其他一切都抛在脑后，不停地工作，专注完成最后的部分。直到有一天，我被艾丽的电子邮件惊醒，她告诉我她已经停止所有的饮食，很快就会死去。我感到既震惊又内疚。震惊的原因是，尽管我知道她得了绝症，但显然地，我把"她离死亡如此之近"的念头打包装入了抽屉，以便我全身心投入写作。

我也很内疚，因为我知道，我本可以为她提供更多的自我探索。我本可以在她病重无法旅行时进行家访，我本可以让她更充分地参与到我给她的咨询和总结中。

为什么我们没有更充分地接触？我对这个问题的第一个反应是，艾丽缺乏建立深入关系的能力。毕竟，她从来没有结过婚，也没有与任何伙伴保持过深刻而长久的爱的联结。她搬过很多次家，有很多室友，但真正亲密的友谊很少。但我没能说服我自己，我知道这并不是故事的全部。我知道出于某种原因，我对她隐瞒了自己。我被她的电子邮件深深地震撼了，我不得不把我的小说暂时搁置起来，全身心地投入到艾丽身上，仔细地重读我们所有的总结和邮件往来。这是一次大开眼界的经历——她的许多陈述以其巨大的力量和智慧令我震惊。我一次又一次地检查她电子邮件的日期。我以前真的读过这些信息吗？这怎么可能？为什么这些引人注目的凄美文字看起来如此陌生，好像我是第一次读到它们呢？我决定把我的小说放在一边，收集艾丽最明智、最有力的话语，写下这篇对她的纪念。我打电话给艾丽，告诉她我想做的事情，并征求她的同意。她很高兴，只有一个要求：我使用她的真名而不是假名。

当我翻阅她的总结时，我惊讶地发现艾丽经常写到她与我之间的深刻联结感。有几次她写道，她对我说话，比对世界上任何其他人说话都要坦率。就拿她第四次总结中的一个例子来说。

我讨厌不得不向那些对死亡一无所知的人解释我的情况。欧文让我感到安心，他不怕和我一起进入黑暗之中。我不能以这种方式对其他人说话。向他们解释我的癌症是不治之症，这是一项艰苦的工作，太难了。人们忍不住问："你要化疗多久？"这是个令人不安的问题。他们难道不明白吗？难道他们不明白我的病不会消失吗？我需要能够直视我眼睛的人。欧文很擅长这个。他不会移开目光。

以上和许多类似的描述说服了我，尽管我觉得我没能与她建立联结，但我为她提供了宝贵的东西。因为我愿意陪伴她进入黑暗，在她抱怨自己的死亡时没有退缩。我读得越多，我就越想知道我是如何做到的。

我骑车时思考状态最好，我沿着考艾岛南部海岸骑了很久，思考这个问题。可以肯定的是，这不是因为我已经完全克服了自己对死亡的恐惧。这一直是一个正在进行的工作，一个正在进行的项目，已经持续了很长一段时间。

40年前，当我第一次开始为癌症晚期患者工作时，我被死亡焦虑的风暴和频繁的噩梦所困扰。当时，为了寻求安慰，我翻阅了我的个人心理治疗记录，在我担任精神病学住院实习医生期间，我做了700个小时的个人心理分析。我惊奇地发现，在这700个小时里，没有一次出现死亡的话题。不可思议！在那漫长的个人分析中，我的最终灭亡——我生命中最可怕的事实——从来没有出现过，从来没有谈过。（也许当

一日浮生

时我的分析师，在她70多岁的时候，正在保护自己免受死亡焦虑的影响。）我意识到，如果我打算为身患绝症的病人工作，我需要对我自己的死亡恐惧做一些个人工作，于是我重新接受了一位心理学家罗洛·梅（Rollo May）的治疗，他的著作表明，他对"存在"的议题具有敏锐的思考。

我无法准确地说明，他的治疗是如何帮到我的，但我知道在我们的工作中，我一次又一次地与我终将死亡的事实搏斗。罗洛比我年长，回顾我们的咨询，我确信我经常让他感到焦虑。但是，值得称赞的是，他从来没有退缩过，相反，他不断地催促我去深入。也许这只是打开封闭的大门，在一个人面前审视和接受自我生存状况各个方面的进程，但罗洛全程温和而敏感的引领，使情况全然不同。渐渐地，在几个月的时间里，我对死亡的焦虑减少了，我在与临终病人的工作中也越来越自如。

这种生活经历，使我有可能与艾丽相处，而且毫无疑问，她对我的诚实表示赞赏。否认是敌人，她对任何形式的否认都表示不耐烦。在她的一份总结中，她写道：

> 其他人，甚至其他同样患有癌症的人，告诉我"你会活30年"。他们告诉自己，"我不会死于此"。甚至我的支持小组中的南希，那么睿智和清醒，连她昨天也发来电子邮件说："我们所能希望的，是坚持足够长的时间，直到更好的治疗方法被开发出来。"

但这并不是我想听到的。这个安全网中间有一个巨大的漏洞。无论我将活很久还是很短，我现在都还活着。我想知道的是，除了生命的长度，是否还有其他的希望。我想确认的是，没有必要远离痛苦或死亡的想法，但也没有必要给这些想法太多的时间和空间。我想要的是与"生命短暂"这一概念亲密接触。然后，在其光芒（或阴影）下，知道如何生活，当下又如何生活。这是我学到的关于癌症的东西——它向你展示致命的疾病，然后把你吐出来，回到世界，回到你的生活，回到所有的快乐和甜蜜，你现在比以往任何时候，都更能感受到这一切。你知道有些东西已经被赐予，有些东西已经被收走。

"有些东西已经被赐予，有些东西已经被收走。"我知道艾丽的意思。这是一个简单而复杂的想法——一个必须慢慢解读的想法。被赐予的是对生活的新观点，而被收走的是对无限生命的幻想和个人因为特殊而免于自然法则影响的信念。

艾丽用一种不否认的想法与死亡较量——这些想法实用有效，她称之为抗癌药物。

> 我现在活着，这才最重要。
> 生命是暂时的，对每个人永远都是如此。
> 我的工作是活着，直到我死去。
> 我的工作是与我的身体和平相处，并爱它，完整地爱它，这样，从这个稳定的核心，我可以伸出力量和慷慨之手。

一日浮生

每一个想法都有一个奇特的生命周期。正如她所说的那样。

> 一段时间后，每个人都会停止工作，它失去了它的力量。思想就像癌症药物一样，只是这些想法更有弹性——它们耗尽了，低调了一段时间，就像在休息，然后又恢复了活力，而且更好、更强大的新想法不断涌现。

很多时候，特别是在她患病的早期，对活着的人和健康人的嫉妒困扰着艾丽。她知道这些刻薄的情绪不利于她的身心健康，并努力克服它们。在我最后一次见到艾丽时，她告诉我一件了不起的事情："我现在不再妒忌，它已经消失了。事实上，我能够感觉到慷慨。也许我可以成为替我朋友和兄弟姐妹先尝死味的先驱者。听起来很奇怪，也许是过度乐观，但这个念头支撑着我，不会像其他想法那样消逝。"

一个死亡先驱——多么不寻常的短语啊！这让我想起了40年前的事。我作为治疗师工作中第一次遇到"死亡"这个念头。在我的第一个癌症患者小组中，我周而复始地努力安慰一位病重的妇女。我已经忘记了她的名字，但我记得她的特质，我仍然能够非常清晰地看到她那张绝望的、有深刻纹路的脸和她悲伤的、低垂的灰色眼睛。一天，当她来到小组里时，她的面容看起来很明朗，重新活力焕发，我们所有的人都感到惊奇不已。她宣布："这周，我做了一个重大决定。我决定成为我孩子们的榜样——一个如何死亡的榜样！"

事实上，直到她去世，她不仅为她的孩子，也为小组成员和所有与她接触的人，树立了优雅和自尊的榜样。以身作则的想法，让人在最后一刻都能为生命注入意义。多年来，我把她的见解传给了许多病人，但艾丽强烈的语言（"死亡先驱"）赋予了它更大的力量。正如尼采所说，"因知为何，所以任何"。

当艾丽描述她的疾病所带来的积极影响时，我并不感到惊讶，因为我曾听过许多身患绝症的病人如此评说。但是，艾丽话语的力量仍然非同小可。

> 对于家人和朋友来说，我更像是一种稀缺商品。而且我对自己的感觉也很特别。我感觉时光变得更有价值。我感觉到一种重要性、严肃性和自信。我想我实际上没有患癌症以前那么害怕死亡了，但我更关心死亡。我不担心会变老。我不为自己做什么或不做什么而苦恼。我觉得我不仅有权利，而且几乎有义务去享受自己。我喜欢在某个癌症网站上看到的提议："享受每一个三明治。"

在这一切过程中，她从未失去她的幽默感。

> 关于提高标准。
> 在我的生活中，我从未听过这么多的人夸我，这感觉真好。
> 当然，还有一种不言而喻的潜台词——"考虑到

你有癌症"，但是没关系，我接受！我也给自己加分，我给自己同样的额外奖励，拍拍自己的背，想"考虑到我有癌症，我对那个脾气暴躁的销售人员是不是很好？对于一个患有癌症的人来说，我难道不是超凡脱俗地乐观吗？"

我今天（或整个星期）没有做多少事，但毕竟我有癌症。

这很好，但我已经被宠坏了。是时候提高标准了。

几乎所有艾丽对死亡的评论都引人入胜。我把每一条都重读了几遍。我一次又一次地好奇为何我以前读过它们，但对它们的记忆却那么少。

童年对死亡的思考

我是那种抓住一个话题不放手的、令人疲惫的孩子，在我四五岁的时候，我把妈妈绑在死亡的问题上。她谈到了天堂，但这并没有什么帮助。当我看着天空时，我看到的只有天空。我跑去躲在我父亲的巨大皮质扶手椅后面，那张椅子被推到了角落里。我想我只要永远待在那里，死亡就不会找到我。

佛教徒建议把死神扛在你的左肩上生活；有时我觉得死神坐在两个肩膀上，事实上它已经爬到了我的身体里。当然，这也正是它一直以来的位置。

不，这些句子太强烈了，令人过目不忘。事实上，我第一次读时并没有真正走心，只是一目十行地扫过。我惊叹于否认的力量——我的否认的力量。所以现在我又一次读到艾丽的话，但是这一次，我的眼睛和心都是敞开的。这一次，她的话语的力量让我透不过气来。

> 我的任务就是爱我的身体，爱它的全部，爱整体的、完整的我。所有的衰老、平凡、麻烦、失败、复杂、呼吸、命中注定、癌症、温暖、难堪、不可靠、勤奋、不完美、恶劣、垂死挣扎、脆弱、恐惧、向死而生、活蹦乱跳、短暂、了不起、困惑、折磨、病入膏肓、宇宙原子团都是我，是我自己。我的身体在不断恶化，长出可怕而危险的肿瘤。它们无法被逆转、摧毁、溶解、消灭。这具身体未能完成生命中最重要的一项任务，那就是活下去，活下去。

在第一次得知她的癌症已经扩散时，她曾写道：

> 我盯着镜子，我看到一张脸，脆弱的、活着的、被爱的、短暂的。我没有检查我的皮肤是否有堵塞的毛孔，也没有梳理我的刘海，或者对我的外表形成任何看法。我直视着那双眼，我想，哦，可怜的宝贝，可怜的孩子。我想这是我第一次如此端详我的脸——完整地端详。

这些句子让我的眼泪夺眶而出。艾丽盯着镜子里的自己说："哦，可怜的宝贝，可怜的孩子。"这一画面牵动着我的心，也点燃了我对自己的恐惧。死亡的焦虑从未真正消失，

一日浮生

特别是对于像我这样继续在无意识中探寻的人而言。即使在对自己做了那么多工作之后，我仍然会偶尔在凌晨三点醒来，在脑海中反复播放我得知自己的致命诊断的场景，或躺在死亡床上，或想象我妻子的悲痛。

然而，艾丽说我是完全同在的，我完全愿意和她一起进入最黑暗的地方。我知道这是有道理的，但不确定我是如何做到的。答案的一部分源于当重读她的一篇总结中的书面反思时，我所意识到的我的内在反应。

> 生命是暂时的——对每个人永远都是如此。我们的身体里总是装着我们的死亡。但是感受它，感受一个带有特定名字的特定死亡——这便截然不同了。

当我读到这些话时，我观察到自己，可以理解、点头，认同艾丽的话，但当我调高音量，更仔细地听时，我听到一个来自心灵深处的低沉的声音说：是的，是的，所有这些都很好，艾丽，但让我们坦诚相告，你和我……我们不一样。你，可怜的人，是受苦的人，是患有癌症的人，我同情你，我会尽我所能地帮助你。但是我，我很健康，没有癌症，活得好好的。免于危险。

然而，艾丽是一个敏锐的女人。她怎么会反复说我是她真正能感同身受的那个人呢？她说，我直视着她的眼睛而不退缩，我接受她，可以容纳她对我说的一切。

这是一个多么令人困惑的问题。当我翻阅她的信息时，我逐渐开始明白了。我确实和艾丽走得很近。但不是太近！不是危险的接近。我曾错误地将我们缺乏亲密关系的原因归咎于她，但她并不是问题所在，她有足够的能力进行亲密接触。我才是问题所在。我在保护自己。

我对自己满意吗？不，当然不。但也许我的否认，使我能够完成我的工作。我现在相信，我们所有为临终病人工作的人，都必须经历这些矛盾。我们必须不断地在自己身上下功夫，我们必须哄骗自己保持联结，不要对自己太苛刻，毕竟我们不过是人，所有的人尽都如此。我回顾与艾丽在一起的日子，心存许多遗憾。我为艾丽感到遗憾，遗憾她从未大胆地活着，遗憾她英年早逝，遗憾她没能开启那次盛大的旅行。但是现在，当我回顾我和艾丽的经历时，我为我自己感到遗憾。在我们的咨询中，吃亏的是我，而不是艾丽。我错过了同一位拥有伟大心灵的女性更深入交流的独特机会。

第 9 章

三声哭泣

让我们体验一切；让我们离开这里，不留遗憾；让我们用尽所有，让死亡无从可取。

虽然多年前我只见过她一次，只做了一次咨询，但我们在一起的时光仍然鲜明地刻在我的脑海中。海伦娜是一个可爱的、忧伤的、能言善辩的女性，她来谈论她的朋友比利，在我们的咨询中哭了三次。

三个月前去世的比利，在她的生活中占据了重要位置。他们的世界截然不同——他在苏荷区的同性恋世界里打转转，她则在15年的中产婚姻中安身立命——但他们是一生之友，他们在二年级时相识，20多岁时一起生活在布鲁克林的社区里。她贫穷，他富有；她小心谨慎，他奔放不羁；她笨手笨脚，他满腹经纶。他金发碧眼，还教她开摩托车。

"有一次，"她回忆说，眼睛里闪着光，"我们骑着摩托车在南美洲走了六个月，身上只背着小包。那次旅行是我生命中的巅峰。比利曾经说过，'让我们体验一切；让我们离开这里，不留遗憾；让我们用尽所有，让死亡无从可取'。然后，突如其来地，四个月前，脑癌，我可怜的比利在几周内就死了。"

但那时她没哭，几分钟后才流泪的。

"上周，我达到了生命中的一个重要里程碑。我通过了国家考试，现在是一名有执照的临床心理学家。"

"祝贺你。那确实是一个里程碑。"

"里程碑并不总是好事。"

"怎么讲呢？"

"上周末我丈夫带着我们的两个儿子和他们最好的朋友去露营，我在周末的大部分时间里都在消化这个里程碑式的事件，回顾我的生活。我打扫了房子，我整理了一个又一个装满无用物品的壁橱，我发现了一本被遗忘的比利的旧相册，我已经多年没有看过了。我深吸一口气，给自己倒了杯酒，坐在角落的地板上，慢慢地翻开了相册，但这一次，我的眼光截然不同——以治疗师的视角。我凝视着我最喜欢的比利的照片。他坐在他的自行车上，皮夹克的拉链没有拉上，露出那神奇的仲夏般的微笑，用一瓶啤酒向我致敬，并呼唤我加入他。我一直很喜欢那张照片，但突然间，我第一次意识到，比利那时正处于躁狂状态，比利有双相情感障碍！我被这个想法吓到了。所有那些珍贵的冒险，我们所做的疯狂的野性的事情，也许这一切只不过是……"

在这里，她第一次哭泣起来。她抽泣了好几分钟。我提示她："你能讲完这句话吗，海伦娜？这一切只不过是……"

海伦娜继续哭泣，摇着头，并为用掉了我大半盒纸巾而道歉。她收回思绪，没有理会我的问题，继续说："就在那时，我打电话和你预约。想到他有双相情感障碍已经够糟的了，但当天晚些时候，当我重读与比利的最后几封电子邮件时，情况变得更糟。在最后，他给我写了一条充满爱意的信息，告诉我，我对他来说有多重要，他是多么珍惜我的友谊，他是如何紧紧地抓住我的形象，即使他的大脑有一大块正在崩溃。然后……"

在这一刻，海伦娜崩溃了，第二次哭了起来。她一边重重地抽泣，一边再次伸手去拿纸巾。

"试着继续说话，海伦娜。"

"然后，当我更仔细地读那封电子邮件时，"她在抽泣之间说，"我意识到他的邮件已经发给了100多个人。我只是100多个人中的一个，准确地说，是113个。"

她又继续痛哭了几分钟。随着抽泣声越来越小，我说："然后呢，海伦娜？"

"然后我翻到了我已经完全忘记的相册中的一页。粘贴在这一页上的是一张邀请函，是我们以前在布鲁克林举办的一次联合狂欢生日聚会的请束。我生于6月11日，他生于6月12日。我们的出生时间只相差几个小时，我们经常一起庆祝我们的生日，而且……"

说到这里，海伦娜第三次流下了眼泪。

我等了一会儿，然后替她把话说完："我们出生时只相差几个小时，而现在他死了。这一定是个可怕的想法。"

"是的，是的。"海伦娜一边抽泣一边使劲点头。

一日浮生

我看了看表。她要求进行一次治疗，而现在只剩下20分钟了。"海伦娜，让我们先关注一下你刚才的泪水。你和比利同龄，两人出生时间只差几个小时。而现在他已经死了。告诉我你在想什么？"

"我还活着，他却死了，这只是偶然，还可能是相反的情况。我记得有一天我们去看赛马。那是我的第一次。我很惊讶，比利竟然拒绝下注，当我问起这个问题时，他给出了一个古怪的答案。他说，他已经用完了他的运气，他赢得了生命的彩票——在那些数以百万计的其他卵子和精子细胞的竞技中，他是那个幸运儿，中了'生命彩票'。他指着地上所有被撕碎的输掉的彩票说，他对'生命彩票'负有责任，不能浪费他的钱财，或者从别人那里抢走更多的钱财，而是要用它来最大限度地充分地生活。"

"那他做到了吗？"

"哦，是的。哦，是的。我从来不知道有谁能如此充分地活着，如此没有恐惧，如此兴致勃勃地活着。"

"而且，"我说，"如果那灿烂的生命火花可以熄灭，那么你自己的生命之火也似乎不稳。"

海伦娜抬头看着我，对我的直言不讳有些惊讶。"正是如此，正是如此。"她又抓了一把纸巾。

"所以你的眼泪也是为了你自己。他的死亡使你自己的死亡更加鲜活，更加真实。这是你第一次与死亡打照面吗？"

"不，不是。我想小时候有很多次，死亡的念头以迅雷不及掩耳之势向我劈来。每次我参加葬礼的时候，我就会经历糟糕的失眠之夜，想着自己已经死了。还有我的大儿子出生时，他的第一声啼哭对我打击很大。"

"那么为什么呢？"

"事实显而易见：生命从起初开始，然后以线性方式进行。我只是一个载体，把它传递给我的儿子，他将把生命传递下去，然后他也将面临死亡。我想这让我意识到，我们所有人都在一个时间表上，我肯定也不例外。"

"我告诉你我在想什么吧，"我说，"这就是比利的状态，'不留遗憾'。从你所说的情况来看，你和比利的生活过得很充实。对吗？"

"是的。"

"我从你讨论时的兴奋眼神中看到了这一点。那段时间的生活没有遗憾？"

"完全没有。"

"那么，你现在与你丈夫和儿子们的生活呢？"

"啊，是的。你不浪费时间。不同的故事。我现在不在生活之中。我似乎是在推迟它的到来。我没有在当时当下真正体验和品味生活。我被各种东西压得喘不过气来——衣服、亚麻布、床单、太多的灯、棒球手套、高尔夫球杆、帐篷和睡袋。"

"不像你和比利的摩托车旅行，六个月的南美之旅，背上只有一个小包。"

"哦，那是天堂，纯粹的天堂。现在我嫁给了一个好男人。我确实爱他，但是，哦，我希望我没有那么重的负担。我希望我可以只背着一个小包继续前进。太多事情了。有时我想象着一把巨大的蒸汽铲冲破我的屋顶，用我们房子里的东西——巨大的电视、DVD播放机、沙发和洗碗机——填满它的下巴，当它升空时把东西带走，我看到一些条纹帆布草坪椅从它的牙齿上垂下来。"

"那又怎样？说说你过去几年中对生活的遗憾。"

"我没有珍惜它，没有像我应该的那样生活。也许我太固执地相信，真正的生活是过去和比利在一起的日子。"

"而这种信念使你更难接受自己的死亡。当你觉得自己没有完全活过的时候，想到死亡总是更痛苦的。"

海伦娜点了点头。我现在肯定得到了她的全部注意力。"让我们回到另外两次你哭的时候。当你得知他给100多人发了一封告别邮件时，你哭了。让我们再谈谈这个。"

"我只是觉得自己不再特别了。我们曾经是如此亲近，非常亲近。"

"你一直和他常见面？"

"我以前有，但过去几年都没有。自从十年前我搬到俄勒冈州后就没有了。我们一直各住在东西两岸，我一年最多见他一两次。"

"所以，"我喃喃自语，"我想到比利被脑癌侵袭，也许像许多垂死的人一样，感到孤立无援，在绝望中，伸出手去触摸他的整个社交网络，联系他认识的每一个人。这似乎可以理解，而且非常符合人之常情。但绝不是，海伦娜，他的行为并不意味着对他与你的关系的评头论足。"

"是的，是的，我知道，天哪，我当然知道！我在工作中接待过很多夫妻，几乎每一天我都在对一些来访者说，任何行为都不一定是对完整关系的体现。"

"正是如此，而且，它更不可能事关你与比利多年前的关系是否真实。关系结束了，但这并不意味着它们曾经没有存在过。让我们回到你第一次在这里哭泣的时刻，当你谈到你突然意识到比利躁狂时，试着想象一下你当时的眼泪在诉说什么。"

"他的躁狂现在看来非常明显。他从未停过。他的方式是全速前进。他从未放慢过速度。我怎么可能忽视了呢？难以置信。"

"但让我们看看为什么它让你如此震惊。"

"我想它让我对整个现实产生了怀疑。我曾经认为那是我生命的巅峰，闪光和兴奋的中心，我和他激动人心地活着，但这一切都是不真实的。现在我意识到，这一切都只是躁狂在发作。"

"我可以理解你现在一定感觉很不稳定，海伦娜。这些年来，你一直以一种方式看待你的生活，而现在突然间，你面对的是一个新的、不同版本的现实。看到过去在你眼前改变——多么令人震惊！"

"正是如此。我感到茫然。"

"你的说法也有一些令人伤感之处，海伦娜。比利，这个重要的、宝贵的人，这个你一生的朋友，已经沦为一种诊断方式，这很可悲。而你和他在一起的整个青春——所有那些美妙的激动人心的经历——也被重新定义为'不过如此'，不过是躁狂症的表现。也许他有一些躁狂症，但是，从你告诉我的情况来看，他似乎远不止这个标签。"

"我知道，我知道，但我现在无法克服这个问题。"

"让我告诉你我现在心里想的是什么。当你说，'你和他在一起的整个青春'都'不过是'躁狂症时，我有点儿不寒而栗。我想象着将这种'不过是'的方式应用于你我之间现在发生的事情。我想有人会说，这'不过是'一场商业交易，我因为倾听和回应你而得到报酬。也许有人会说，通过帮助你感觉更好，这让我感觉更强大、更有用。或者说，我从帮助你获得意义中获得生命的意义。是的，所有这些事情都可能是真的。但如果说治疗'除了'这些东西之外什么都不是，那就与真实相隔千里了。我觉得你和我相遇，我们之间有一些真实的东西在发生，你与我分享了很多你自己的东西，我被你的话语所感动和吸引。我不希望我们被压缩，我也不希望比利被压缩。我喜欢想到他奇迹般的仲夏微笑。我羡慕你们骑摩托车穿越南美洲，想到你把这一切从自己身上夺走，我很难过。"

我们结束了，我们两个人都累了，都开窍了。她可以重新拾起她的过去，再次珍惜她和他在一起时的生活。而就我而言，我对自己长期以来厌恶的诊断行为有了新的看法。在我接受精神科医生培训期间，我发现官方的诊断类别有问题。在病例会议上，许多顾问对所讨论的病人的诊断意见常有分歧，我最终明白，这些分歧通常不是来自医生的错误，而是来自庞大机构诊断工作中的内在问题。

在我担任斯坦福医院住院部主任期间，我依靠诊断来决定有效的药物治疗。但在我过去 40 年的心理治疗实践中，对于那些不那么严重的病人，我发现诊断过程在很大程度上确实不太重要，而且我开始相信，为了满足保险公司对精确诊断的要求，心理治疗师必须经历的扭曲，对治疗师和病人都是有害的。在诊断过程中，我们并非在自然节点处下手雕刻。诊断类别是发明的，也是任意的——它们是委员会投票的产物，每过十年都要经过相当大的修改。

不过，我与海伦娜的咨询让我意识到，做出正式诊断的苦差事，不仅仅是一个"简单"的麻烦。事实上，它可能会阻碍我们的工作，因为它掩盖甚至否定了我们在办公室里面对的那个完整的、多维的个体。比利是这一过程的受害者，我很高兴能在恢复他以前的复杂性和旺盛精力方面发挥一定作用。

　　　　　　　　　　　　　　　　　　一日浮生

第 10 章

一日浮生

"你我世人，皆如寄人生，或铭记，或遗忘，大体如此。世间白驹过隙，记忆者和被纪念者，不过逝者如斯。全然忘记之日，近在咫尺；不再被纪念之时，迫在眼前。永远铭记，你行将寂寂无名，无处可去，无地可往。"

阿罗德走进我的办公室，径直走向他的椅子，没有和我打招呼。我挺起身子，做好准备。

　　他一边盯着窗外翩然飞舞的紫藤花，一边说："欧文，我有件事要坦白。"他踌躇了一下，然后突然转过身来直接面对我说，"这个女人，艾丽西亚，你记得我说过她吗？"

　　"艾丽西亚？我们当然谈了很多关于玛丽的事，但……不，我不记得艾丽西亚。请给我一点提示。"

　　"嗯，还有一个女人，艾丽西亚。事情是这样的，呃……呃……艾丽西亚，也认为我要娶她。"

　　"哇，我不太明白。阿罗德，退回去一点儿，让我明白明白。"

　　"好吧，昨天下午，你的凯瑟琳为玛丽和我，一起进行夫妻治疗，结果事情突变。玛丽打开她的包，拿出一沓——非常厚的一沓——电子邮件，可以直接定罪的电子邮件，内容是艾丽西亚和我讨论婚姻的事儿。所以我决定，我今天最好在这里坦白。我宁愿你从我这里听到这些，而不是从凯瑟琳那里。除非你已经和她谈过了。"

我惊呆了。在我为 32 岁的皮肤科医生阿罗德咨询的这一年里，我们一直在关注他与玛丽的关系，他们是持续九个月的同居伴侣。他声称爱玛丽，但对关系承诺望而却步。"我为什么要，"他不止一次地说，"献出我唯一的生命？"

到目前为止，我的印象是，治疗正在缓慢而稳定地进行。阿罗德在大学里主修哲学，最初找我是因为他读过我的一些哲学小说，觉得我肯定适合做他的治疗师。在我们一起工作的头几个月中，他经常试图让我参与抽象的哲学讨论，以此来抵制治疗。然而，在最近几周，我看到这种情况少了，他似乎变得更加严肃，并越来越多地分享他的内心。即便如此，阿罗德最迫切的问题，即他与玛丽的关系问题，仍然没有改变。在个人治疗的环境中，尝试夫妻工作是很困难的，所以几周前，我建议他和玛丽去见一位优秀的夫妻治疗师凯瑟琳·福斯特博士。今天他则突然把她称为"我（亚隆）的"凯瑟琳。

如何回应阿罗德的坦白？几个方向都在召唤：他与玛丽的危机；他让两个女人都相信他将与她们结婚；他对玛丽入侵他的电子邮件账户的反应；或者，他关于"我（亚隆）的凯瑟琳"背后的幻想。但所有这些方向，都必须进"等候室"。我认为，我当下主要任务是处理我们的治疗关系。这个关系是总要优先考虑的。

"阿罗德，让我们回过头来探讨一下你的第一句话：你关于需要坦白的说法。很明显，你在我们的工作中隐瞒了一些重要的事情，你今天来谈这些事情，只因为你相信我会从凯瑟琳那里听到这些事情。从'我的凯瑟琳'那里。"

该死的，我不应该加上最后那句话。我知道这将使我们分心，但它就这样冒出来了。

"对了，对不起，关于凯瑟琳的那段话，我不知道它是从哪里冒出来的。"

"有什么直觉吗？"

"不确定。我想这只是因为你似乎对她很感兴趣，对她的能力赞不绝口。另外，她是个漂亮的女人。"

"所以，你认为凯瑟琳和我之间发生了什么？"

"嗯，不是真的。我的意思是，首先，你们年龄差异很大，你说她是你30年前的学生。我在网上做了一些调查，了解到她嫁给了一个精神病学家，也是你以前的学生。所以……我的意思是……呃……告诉你实话，欧文，我不知道我为什么要这么说。"

"也许，你可能希望如此，希望我和你臭味相投，希望我和你一样，陷入一桩麻烦多多的'婚外情'？"

"太荒谬了。"

"荒谬？"

"荒谬，但……"阿罗德对自己点了几下头，"但可能是真的。我承认，当我今天走进来的时候，我感到自我暴露和孤独，在微风中独自摇动。"

"所以你想要同伴？想让我们成为同谋者？"

一日浮生

"我想是的。有道理。也就是说，如果你是精神病患者，那就说得通。天啊，这真令人尴尬。我觉得我就像个十岁的孩子。"

"我知道这很不舒服，阿罗德，但请试着坚持下去。我被你的'坦白'一词所震撼。它表明了你我之间的什么呢？"

"嗯，它说的是内疚的事情，关于我所做的一些我不愿承认的事情。我避免告诉你任何会有损你对我看法的事情，我对你非常尊重，我非常希望你脑海中……呃……我的，某种……呃……形象，保持不变。"

"什么样的形象？你希望欧文·D. 亚隆对阿罗德·哈斯里有什么看法？花点儿时间，想出一个场景：我对你的形象很关注。"

"什么？什么？我做不到。"阿罗德龇牙咧嘴地摇了摇头，仿佛要摆脱一种低级趣味。"而且，无论我们现在在做什么，这一切似乎都偏离了目标。为什么我们不谈谈重要的事情——我和艾丽西亚、玛丽的矛盾？"

"会的，一会儿谈。但是，请暂时跟着我，继续讨论你在我脑中的形象。"

"天哪，我真的能感觉到，我不情愿。这就是你所说的'阻抗'？"

"是的。我知道这感觉很冒险，但你还记得我在我们第一次见面时告诉你，每次治疗都要冒险吗？现在是时候了！试着去冒险吧。"

阿罗德闭上眼睛，把脸朝向天花板。"好了，开始了……我看到你在这个办公室里，坐在那里。"他转过身来，仍然闭着眼睛，指着我的方向——我办公室另一端的办公桌，"你正忙着写作，不知为什么，我的形象飘进了你的脑海。这就是你的意思？"

　　"正是如此。不要停下来。"

　　"你闭上眼睛，在脑海中看到我的脸，好好地看一看。"

　　"好。继续下去。现在想象一下，我看着你的脸时的想法。"

　　"你想，啊，那是阿罗德。我看到了他……"当他沉浸在幻想的任务中时，他似乎更放松了，"是的，那个阿罗德，多么好的一个家伙，如此聪明，如此博学，一个有着无限希望的年轻人，而且如此深刻，如此具有哲学气息。"

　　"继续说。我还在想什么？"

　　"你在想，他有什么性格，多么正直……他是我见过的最优秀、最聪明的人之一，是一个值得被记住的人。诸如此类吧。"

　　"多说说看，在我这里保持这种形象，有多重要？"

　　"非常重要。"

　　"看起来对你来说，在我这里保持这种形象，比让我帮助你改变更重要，哪怕后者才是你向我咨询的目的。"

　　阿罗德摇了摇头，无奈地肯定："在发生今天的事情之后，要反驳这一点真是太难了。"

　　"是的，如果你对我隐瞒了关键信息，比如你和艾丽西亚的关系，那一定是这样的。"

"有道理。相信我，坚持自己的立场真荒谬可笑，这已经显而易见了。"

阿罗德瘫坐在椅子上，我们短暂地坐着，沉默不语。

"分享你脑海中闪过的东西吧。"

"羞愧，主要是羞愧。我羞于向你承认，我可能不会与玛丽结婚，当你……我们……在玛丽的癌症诊断和乳房切除术上一起投入了所有的努力之后。"

"继续说。"

"我的意思是，什么样的无赖会离开一个患有癌症的女人？什么样的男人会因为一个女人失去了一个乳房而背叛和抛弃她？羞愧，很多的羞愧。更糟的是，我是一名医生。我应该关心别人。"

我开始为阿罗德感到一些真正的悲哀，并发现我心中有一种冲动，想保护他免受其本人的自责之怒。我想提醒他，在玛丽被诊断出癌症的很早之前，他与她的关系就已经出现了问题。但他现在正处于这样的决定性危机中，我害怕无论我说出什么，他都可能理解为建议。我知道有太多处于这种状态的病人，会激怒其他人，包括他们的治疗师，为他们做决定。事实上，在我看来，阿罗德很可能暗中刺激玛丽做出断绝他们关系的决定。毕竟，她是如何发现这些电子邮件信息的？他一定在潜意识中，怂恿她不自觉地与他共谋；否则，他为什么不把那些信件销毁和删除呢？

"那艾丽西亚呢？"我问道，"你能向我介绍一下你和她的情况吗？"

"我认识她有几个月了。我在健身房遇到她。"

"然后呢？"

"每周白天见她几次。"

"哦，你能不能少给我一点儿信息？"

阿罗德疑惑不解地抬头看着我，注意到我的笑容，然后笑了。"我知道，我知道……"

"你一定觉得很堵心。这是一个尴尬而痛苦的困境。你来向我寻求帮助，但你却不情愿坦诚直言。"

"'不情愿'说得很委婉，其实我非常讨厌谈论这个。"

"因为怕影响到你在我心目中的形象？"

"是的，因为这个形象。"

我思考了一会儿阿罗德的话，然后决定采取一种非正统的策略——我在治疗过程中很少使用这种策略。

"阿罗德，我最近刚好在读马可·奥勒留的书，我想给你读一些他的段落，这些段落似乎与我们的讨论有关。你知道他的作品吗？"

阿罗德的眼睛立刻充满了兴趣。他喜欢这一个喘息之机。"以前知道。我在大学课程中读过他的《沉思录》。我曾经主修过一段时间的古典文学。但从那以后我就没再读过他的书了。"

我走到书桌前，拿起马可·奥勒留的《沉思录》，开始翻阅。在过去的几天里，我一直在阅读它并在一些段落下划线，因为我与另一位病人安德鲁有过不同寻常的互动。在上个星期的治疗中，安德鲁像以前一样，表达了在毫无意义的职业中度过一生的痛苦。他是一名高薪的广告主管，痛恨那些毫无意义的目标，比如把劳斯莱斯轿车卖给穿着加利亚诺[⊖]晚礼服的女性。

但他觉得自己别无选择：他的晚期肺气肿可能会缩短他的工作年限，他需要收入来支付他四个孩子的大学学费，以及照顾他生病的父母。当我请安德鲁阅读马可·奥勒留的《沉思录》时，我自己也感到惊讶。我已经很多年没有读过马可·奥勒留了，但我确实记得他和安德鲁有一些共同点：马可·奥勒留也是被迫进入并非他自己所选的职业。他本想成为一名哲学家，但他是罗马皇帝的养子，被选定为他父亲的继承人。因此，他成年后的大部分时间，不是在思考和学习中度过，而是作为一个皇帝，为保护罗马帝国的边疆而征战。为保持自己的宁静，马可·奥勒留将他的哲学沉思，用希腊语口述给一个希腊奴隶，后者将其记录在每天的日记中，只呈给皇帝本人看。

那次咨询之后，一想到安德鲁非常勤奋，我就毫无疑问，他将仔细阅读马可·奥勒留。所以，我必须立即重新熟读《沉思录》。我在前一周的大部分空闲时间里，都在品味这位2世纪罗马皇帝铿锵有力、凄美沉重的话语，并为下一次与安

    ⊖ 迪奥设计师。——译者注

德鲁的咨询做准备，我会在见过阿罗德之后不久，同他见面。

当我与阿罗德会面时，这一切都在我的脑海中浮现。当他谈到渴望他的形象在我的大脑中永远闪耀时，我逐渐相信，他也可能被马可·奥勒留的一些思想所改变。同时，我也怀疑自己的意图。我曾多次观察到，每当我阅读任何一位伟大的生命哲学家的著作时，我总是感觉著作内容与我目前正在看的许多病人有关，并忍不住引用一些自己灵光一现的思想或段落。有时这很有用，但往往没什么用。当阿罗德有些不耐烦地等待时，我扫了一眼我所强调的段落。

"这只需要几分钟的时间，阿罗德。我确信这里有一些段落对你来说是有价值的。啊，这里有一段：'很快你就会忘记一切，很快一切都会忘记你。'"

"而这里是我想到的那一段，"我大声地读着，而阿罗德闭上了眼睛，显然是在深思熟虑。

"你我世人，皆如寄人生，或铭记，或遗忘，大体如此。世间白驹过隙，记忆者和被纪念者，不过逝者如斯。全然忘记之日，近在咫尺；不再被纪念之时，迫在眼前。永远铭记，你行将寂寂无名，无处可去，无地可往。"

"还有这一句：'迅雷不及掩耳，所有记忆将葬身永恒的海底。'"

我放下了书。"其中有哪句话打动了你？"

"以'你我世人，皆如寄人生'开头的那段是什么？"

我重新打开书，再次读出来。

"你我世人，皆如寄人生，或铭记，或遗忘，大体如此。世间白驹过隙，记忆者和被纪念者，不过逝者如斯。全然忘记之日，近在咫尺；不再被纪念之时，迫在眼前。永远铭记，你行将寂寂无名，无处可去，无地可往。"

"不知道为什么，这段让我有些战栗，"阿罗德说。

太棒了！我很高兴，正中下怀。也许这确实是一次有启发的干预。"阿罗德，把其他的想法放在一边，把注意力放在那个战栗上。让它发声。"

阿罗德闭上眼睛，似乎沉浸在一种遐想中。沉默了一会儿，我再次催促他。"聚焦于这个想法：'你我世人，皆如寄人生，或铭记，或遗忘，大体如此。'"

慢慢地，阿罗德仍然闭着眼睛，回应道："现在，我清楚地记得我与马可·奥勒留的第一次接触。我在达特茅斯学院读二年级时，在乔纳森·霍尔教授的课堂上，他问我对《沉思录》第一部分的思考。我提出了一个令他惊讶和感兴趣的问题。我问：'马可·奥勒留的目标读者是谁？据说他从未打算让别人读他的文字，他文字表达的是他已知之事。因此，他到底是写给谁的？'我记得我的问题引发了一场漫长而有趣的课堂讨论。"

多么令人讨厌，多么令人讨厌。阿罗德是那样的典型，试图让我参与一个有趣但令人分心的话题，他仍然在试图美化我对他的印象。但是，在我和他一起工作的一年里，我了解到，在这种时候最好不要挑战他，而是直接回答他的问题，然后温和地引导他回到前面的议题。

"据我所知，学者们认为马可·奥勒留对自己重复这些短语，主要是作为一种日常练习，以强健他的心志，并警诫自己要过美好的人生。"

阿罗德点了点头。他的身体语言表示满意，我继续说："但让我们回到我引用的特定段落。你说你被那段话感动了：'你我世人，皆如寄人生，或铭记，或遗忘，大体如此。'"

"我说我被感动了吗？也许我说过，但由于某些原因，它现在让我感到很冷。老实说，现在，我不知道它怎么才能适用于我。"

"也许我可以通过为你回忆背景来帮助你。让我们看看，10到15分钟前，当你描述着，在我这里保持某种形象的重要性时，我想到马可·奥勒留的思想可能对你有启发。"

"但怎么会呢？"

多么令人气恼啊！阿罗德今天看起来很奇怪，他的头脑很灵活。我考虑过对他的阻抗情绪进行评论，但又排除了这一点，因为我毫不怀疑他会想出一个聪明的反驳，这将使我们的速度更慢。我继续蹒跚前行。"你非常重视我对你的印象，所以让我再读一遍：'你我世人，皆如寄人生，或记住，或被记住，大体如此。'"

阿罗德摇了摇头，"我知道你是想帮忙，但这些庄严的宣告似乎离题万里，太不切合实际了。既暗淡又虚无。是的，当然我们只是一天的生物。当然，一切都在一瞬间过去。当然，我们会消失得无影无踪。这都显而易见啊。谁能否认它呢？但这有什么用呢？"

"试试这个，阿罗德，记住这句话，'不再被纪念之时，迫在眼前'，把这句话与你视为重中之重的、坚持维护的你在我心目中的形象，并列摆放在一起，我只有凡人的、缥缈的、81岁的头脑。"

"但是欧文，恕我直言，你没有提供一个前后连贯的逻辑论证。"

我可以看到阿罗德的眼睛里闪烁着智力辩论的期待。他继续说："听着，我不是在和你争论。我接受，一切都是短暂的。我没有假装自己独一无二或永垂不朽。我知道，就像马可·奥勒留一样，在我存在之前，无尽的时间已经过去，在我不再存在之后，时间还会继续下去。但是，这怎么可能影响到我希望我尊敬的人，就是你，对我有好的看法——即便我在阳光下的日子屈指可数？"

唉！试着这样做真是个错误。我可以听到时间一分一秒地过去。这场讨论占用了整个咨询的时间，我觉得必须挽回我们这一小时的部分时间。我总是教导我的学生，当你在治疗中遇到困难时，你总是可以通过调用你永远可靠的工具——"过程检查"来拯救自己，你停止治疗，探索你和病人之间的关系。当时，我依照给自己的建议行事。

"阿罗德，我们能不能停一下，把注意力转移到你和我之间发生的事情上？你对过去的15分钟有什么感觉？"

"我认为我们做得很好。这是我们这么多年来最有趣的一次谈话。"

"你和我在智力辩论方面确实有共同的乐趣，但我非常怀疑我今天是否对你有帮助。我曾希望这些沉思中的一些内容，对你有所启迪——你希望在我这里保持积极形象的重要性。不过，我现在同意你的观点，这是个胡思乱想。我建议我们放弃它，利用今天剩下的一点儿时间，来解决你与玛丽和艾丽西亚所面临的危机。"

"我不同意它是胡思乱想。我认为你是对的。我只是现在太紧张了，想不清楚。"

"即便如此，让我们还是回到你和玛丽现在的情况吧。"

"我不确定玛丽会做什么。所有这些都是今天早上发生的，而在会议结束后，她必须回到她的实验室参加一个研究会议。或者至少她是这么说的。有时我觉得她会编造借口，不想沟通。"

"不过，请告诉我，你希望你们两个人之间发生什么呢？"

"我不认为这是由我决定的。在刚刚发生的事情之后，现在是她说了算。"

"也许你不想变成你说了算。这里有一个思想实验。告诉我，如果由你决定，你希望发生什么？"

"是的。我不知道。"

阿罗德慢慢地摇了摇头，我们在这一小时的最后几分钟里沉默地坐着。

　　　　　　　　　　　　　一日浮生

当我们准备结束时，我评论道："我想强调一下这最后的几个片刻。牢牢记住它们。我的问题是：你不知道你自己想要什么，这意味着什么？让我们下次从这个问题开始。还有，阿罗德，我还有一个想法，你可以在这一周内思考。我有一种预感，这两者之间存在着一种联系，也许是一种强大的联系——一边是你不知道自己想要什么，另一边是你对在我心目中保持形象存在强烈的渴望。"

当阿罗德站起来准备离开时，我补充说："现在，你经历了很多事情，阿罗德。我不确定，我是否能帮助你。如果你觉得有压力，可以给我打电话，我们这周再找时间见面。"

我对自己很不满意。从某种意义上说，阿罗德的困惑是可以理解的。他在极端的情况下来见我，而我却以教授的身份和华而不实的态度来回应，并给他读了一个2世纪哲学家的神秘段落。这是一个多么不专业的错误啊！我在期待什么呢？仅仅读读马可·奥勒留的作品，就神奇地启迪和改变他？他就能立即意识到，重要的是他在自己心目中的形象，他的自尊自爱，而不是我对他的形象的看法？我在干什么呢？我为自己感到难堪，而且可以肯定的是，他离开我的办公室时，比他进来时更困惑了。

* * *

在与安德鲁会面之前，我有一个半小时的休息时间，为了在见安德鲁之前尽可能多地阅读马可·奥勒留，我把对阿罗德的想法放在一边。我读得越多，就越不舒服，因为我还没有看到哪怕只言片语，是马可·奥勒留对他工作的不满，或是他想过哲学家生活的渴望。然而，我之所以建议安德鲁阅读《沉思录》，正是因为他和马可·奥勒留有着共同的生活困境，即被锁在他们不想要的工作中。我开始害怕我们的会面：又一次，马可·奥勒留惨败的可能性近在眼前，迫在眉睫。我唯一的希望是安德鲁太忙了，没有认真考虑我的建议，把马可·奥勒留忘得一干二净。

但事实并非如此。安德鲁兴高采烈地走进我的办公室时，我发现他手里拿着一本标记完好的马可·奥勒留，我的心沉了下去。当安德鲁坐到他的座位上时，我撑住自己的身子。

他马上开始了。"欧文，这本书，"他边向我挥舞着《沉思录》边说，"这本书改变了我的生活。谢谢你，谢谢你，谢谢你。我找不到词语来表达我的感激之情。

"让我告诉你，自从我们上次谈话后发生了什么。离开你的办公室后，我在街上的'城市之光书店'停了下来，买了一本《沉思录》，第二天早上我飞到纽约，向一家大型度假连锁店的客户推销我们的公司，并在晚上做了我认为非常好的演讲。第二天早上，就在我登上飞机准备回家的时候，我收到了一封电子邮件，来自我们新上任的年轻 CEO。我演讲时，他也在场。他提醒我，在我的演讲中可能遗漏了几个重要的点。好吧，我完全失去了理智，就在起飞前，我回了一封愤怒的邮件，告诉他他的邮件不知所云，他可以随心所欲地寻找更能胜任我工作的人。愤怒之余，我回到了自己的座位上，慢慢平静下来，然后在整个飞行过程中阅读马可·奥勒留。五个半小时后，我下了飞机，完全变样儿了。当我重读那封电子邮件时，我对它的看法完全不同：它基本上是一封积极的信，只是礼貌地对我的下一次演讲提出了几条深思熟虑的建议。我打电话给他，向他致歉，感谢他的建议。现在，我们已经开始了良好的关系。"

"相当精彩的故事，安德鲁。带我回到马可·奥勒留。这本书是如何产生如此大的影响的？"

安德鲁翻阅了大量划线的书页，几分钟后说："这整本书都是精华，但抓住我的特别段落是在第四部分。它是这样的：'拿走你的意见，"我受到伤害了"的怨言就被拿掉了；拿走"我受到了伤害"的怨言，伤害也就被带走了。'"

"嗯，我不记得这段话了。你能为我重复一遍，并告诉我它哪里有帮助吗？"

"他写道：'拿走你的意见，"我受到伤害了"的怨言就被拿掉了；拿走"我受到了伤害"的怨言，伤害也就被带走了。'这是斯多葛派的一个核心概念。我一直在仔细研究这个文本，他用不同的语言，多次提出这个确切的观点。例如，在第十二部分，他写道：'抛弃判断，你就得救了。又有谁能阻止这种抛弃呢？'或者，在下面几行，这里有一段我喜欢的：'一切均为思想使然——控制你的思想。'因此，只要你愿意，就可以消除你的判断，然后就会有平静，就像水手绕过海角，就迎来波澜不惊的海湾的敞胸欢迎。

"所以，"安德鲁继续说，"他教给我的是，只有你自己的观念才会伤害你。改变你的观念，你就能消除伤害。来自外部的任何东西都不能伤害你，你只能被你自己的恶习所伤害。应对敌人的唯一方法是，不要像他一样。

"也许这很简单，但对我来说是一个震撼人心的见解！让我给你举个例子。昨天我的妻子压力很大，无休止地骚扰我，说我把她需要的一本书放错了地方。当我感觉自己对她的怒气越来越大，快要爆炸时，我想起了马可·奥勒留的话：消除'我受到了伤害'的判断，伤害就被消除了。我开始想到我妻子所承受的所有压力——她的职场危机，垂死的父亲，与孩子间的冲突——然后，一瞬间，伤害消失了，我对我的妻子充满了同情，在'波澜不惊'的海湾中航行。"

哦，和安德鲁在一起是多么令人高兴啊！他在教育自己的同时，也教育了我。他在教导自己的同时，也在教导我。与阿罗德那令人烦恼的一小时形成了多么鲜明的对比。当安德鲁说话时，我后背靠在椅子上，沉浸在他和马可·奥勒留的话语中。

"让我告诉你我学到的其他东西，"安德鲁继续说，"我过去读过很多哲学，但我现在重新认识到，我总是出于错误的原因而读书。我读书是因为虚荣心，我读书是为了能够向别人展示我的知识。而这次，"安德鲁举起他的《沉思录》，"这是我第一次对哲学有真实的体验，我第一次意识到这些聪明的老家伙对生活，对我此刻的生活，有真知灼见。"

我在结束咨询时内心充满了谦逊和惊奇。在与阿罗德相处的一小时内，我徒劳无功地追寻的那种"啊哈"体验，却奇迹般地在我与安德鲁的工作中，无心插柳般地实现了。

* * *

在这一周里，我没有听到阿罗德的消息，也不知道在我们的下一次治疗中能有什么期待。他准时到达，向我打招呼，并立即开始说话。"我有很多事情要告诉你。我好几次差点儿给你打电话，但我自己设法撑了下来。一大堆东西都倒下了。玛丽已经走了。她留下一句话：'我需要空间来想清楚我的路，我会在我姐姐家。'记得你上次问过我，如果她做出离开的决定，我会有什么感觉？嗯，这个实验现在已经进行了，我可以告诉你，我不觉得自己被释放或解放了。"

"你的感觉是什么？"

"我主要是感到悲伤，为我们两个人感到悲伤，还有不安和焦虑。在我读了她的纸条后，我不知道该怎么做。我只知道，我必须离开我们的公寓。那里有太多的玛丽。所以我问一个朋友，我是否可以住在他在缪尔海滩的小别墅里，我收拾了一个过夜的包，和你的马可在那里度过了三天的周末。"

"和'我的'马可？这可真是个惊喜！还有呢？你的周末过得怎么样？"

"很好，或许甚至非常好。我对上周的事感到抱歉，对不起，我是如此轻浮和封闭。"

"你上周处于震惊状态，而且，以温和的方式说，我本来可以找到更好的时机。所以你说这个周末'或许甚至非常好'？"

"现在更是如此。当时，它沉闷得令人痛苦。因为，像那样独自一人是一件不同寻常的事。我不认为我曾经花过那么多时间独处，除了不停地思考自己，什么都不做。"

"给我讲讲吧。"

"我想我是在寻找一个赤裸裸的隐居地，像梭罗在瓦尔登湖那样的体验——尽管我在某处读到，梭罗的母亲为他的隐居地准备了午餐，并为他洗了脏衣服。但为了寻找一个真正的静修所，我做出了最终的牺牲。我赤裸裸地去了，没有手机，没有电脑。我在出发前下载并打印了《沉思录》，同时确保我的同事会接听我所有病人的电话——尽管你可能知道，皮肤科医生很少有急诊，这是我选择这个领域的原因之一。没有互联网，我感到很奇怪。我的意思是，如果我想知道天气情况，我实际上不得不把头伸出窗外。因此，除了慢慢阅读《沉思录》之外，对这三天，我没有任何预设。哦，对了，我还有一个工作：思考你的任务，你的思想实验要求我考虑，不知自己何所求和渴望在你心目中保持形象，这两者之间的联系。我在这上面花了一大堆时间。"

啊，是的，那个思想实验。我已经完全忘记了这一点，尽管我不想承认。"那么，你对那个实验的思考情况如何？"

一日浮生

"我想我已经找到了一个解决方案。我很确定，你是在暗示我缺乏'自我'，我在你身上寻找'我'，我的空虚使我无法确定我的需求和欲望，这就是为什么我没有或不能对玛丽做出决定，并强迫她做出决定——这就是为何我渴望在你脑中占据一席之地。"

我被惊到了。无言以对。有好一会儿，我只是抬头看着阿罗德的脸。我认识这个人吗？这还是那个和我见面一年的阿罗德吗？他关于思想实验的评论，是迄今为止我所听到的，关于他自己的最精准、诚实的说法。我要如何回应？像往常一样，当我不知道该说什么的时候，我坚持说实话。

"那个思想实验是一项正在进行的工作，阿罗德。我没有花很多时间来制订它，也没有明确的目标。它只是在我们的咨询结束时突然出现，而我冒着风险把它告诉了你。我的直觉告诉我，它可能会引导你进入正确的领域，我认为它成功了。但让我问一句：你说你认为这是我的意思、我的想法，这让我很吃惊。你自己能做主吗？你是怎么想的？"

阿罗德笑着说："嗯，这是不可能有答案的，不是吗？因为，如果我缺乏一个自我，那么，'谁'或者什么客体，在承载非存在呢？"

哎呀，他又来了，老阿罗德，充满了假动作和悖论。但我没有上钩，一秒钟都没有。"我不记得你以前曾说过这种空虚的感觉。这听起来很重要，我们应该花时间来探讨这个问题。这个周末似乎对你产生了很大的影响，这让我很吃惊。

你似乎更开放了，更愿意去审视你自己的思想。告诉我，在马可·奥勒留那里，有什么东西催化了这种变化？"

"我就知道！我知道你会这么问。我也一直在问自己同样的问题。"阿罗德打开了他装着《沉思录》的文件夹，抽出了一张手写的纸。"就在我今天来之前，我记下了几段让我最战栗的段落。我读一下。它们没有特别的顺序。

"我常常想，为什么每个人对自己的爱都比对其他人的多，但对自己的观点却不如对别人的观点那么看重。

"如果有人轻视我，那是他的问题。我唯一关心的是，不要做任何被轻视的事，或者说任何会被蔑视的话。

"永远不要把任何事情视为利益，使你违背自己的诺言或失去自尊。"

"我非常喜欢这些，阿罗德。而且，的确，它们确实直指我们一直在讨论的问题——一个人的自尊和自我判断的中心，应该在自己身上，而不是在别人的心目中，也就是我对你的印象。"

"是的，我慢慢明白了这一点。这里有另一个类似的话语：

"如果有人能证明我错了，让我看到我在任何思想或行动上的错误，我将欣然改变。我寻求真理，它从未伤害过任何人，坚持自欺和无知才是伤害。"

阿罗德抬起头来。"听起来，这些东西正是为我写的。我还有最后一段。要我读一下吗？"

我点了点头。我喜欢别人给我读，特别是当这些话充满

　　　　　　　　　　　　　　　一日浮生

了智慧时。

"请记住，这高贵的美酒是葡萄汁，帝王的紫袍是用贝类血染成的绵羊毛……像这样的认识——抓住事物本质并穿透它们，使我们看到它们的真实面目——就是我们需要一直做的事。在我们的生活中，当我们相信什么的时候，我们需要将它们暴露无遗，看到它们是多么无意义，剥去它们本身被赋予的传奇。"

一段精彩的文字！它也让我战栗。当他朗读的时候，我想到，这次咨询是我们上次咨询的一个镜像：今天他是朗读者，我是听众。

"我想我知道你的下一个问题。"阿罗德说。

"是什么？"

"具体地说，就是要告诉你，它们是如何产生变化的。"

"你说得很对，今天给你打 1000 分。你能试着回答这个问题吗？"

"这似乎是个很合乎逻辑的问题，但我真的不能给你答案。它只是没有那样发生——并不是说，我读了一个明哲之言，就突然改变了。"

呃，哦，我们又来了。像往常一样，和阿罗德在一起没有什么是容易的。我渴望看到安德鲁，他甚至在没有我的提示下，立即指出了那段话和改变他一切的想法。为什么阿罗德这么难？为什么阿罗德就不能像安德鲁一样，哪怕只有一次呢？

"你的意思是，阿罗德，'它没有像那样发生'？"

"我写下了那些有战栗力量的段落，让我震撼的段落。但我根本无法跨过心里这道坎儿，说这些特定的词，这些非常的想法，改变了我。它不是这样的。没有单纯的顿悟。它是更全方位的。它是整体的过程。"

"整体过程？"

"怎么说呢？听着，我被这个人每天自我审视的做法所震撼。每天早上，他对自己的认真程度，比我一生中任何一个早上都要高。我已经把他作为我内心深处如何生活的典范。上周我提出了一个问题：'他在给谁写信？'我现在明白了。这是显而易见的，他的沉思是写给每日的自己，那个他内心深处的自我，致力于过美好人生的自我。我认为你暗示了这一点。那么，现在我希望能够做到这一点。我非常敬佩他。我还能说什么呢？好吧，首先，这本书，这些沉思，让我看到，真的看到，我是多么糟糕。他的沉思让我明白，我的整个生活都是错的。我决心要改变。这周我将与玛丽和艾丽西亚并肩共坐，告诉她们真相：我还没有做好准备，与任何人建立起有承诺的关系，我在自己身上有大量的工作要做。我甚至在重新考虑我的职业生涯。我不喜欢我正在做的事情，正如我曾经告诉你的那样，我认为我选择专攻皮肤病学，是因为它意味着一种更容易的生活。我并不是要贬低我的领域，我的意思是，我并不为我选择它的理由感到自豪。"

阿罗德停顿了一下，我们沉默地坐了好一会儿。

但我想知道更多。虽然我已经治疗病人 50 余年，但我仍然渴望知道答案——什么是真正有帮助的？

"阿罗德，我理解你是如何被整个过程所影响的，我将尽我所能在未来鼓励这个进程。然而，我仍然相信，思考哪些具体的话语对你有影响，可能会有一些价值。我可以看看你刚才给我读的那些吗？"

阿罗德犹豫了一会儿，然后把清单递给我。我感觉到他的犹豫，但决定不发表意见。

我知道这意味着什么：我与他格格不入。我的知情需求是一件好事，因为它激发了我对病人的兴趣，但有时，就像那一刻，它可能是一件坏事，因为我不能满足于仅仅在这一小时内全然同在。

扫过清单后，我评论说："我很惊讶，你选择的几项沉思都指向美德和诚信问题。它们强调，唯有你自己的恶习，才能给你带来伤害。"

"是的，在整个文本中，马可·奥勒留重复说，美德是唯一的善，恶习是唯一的恶。他一次又一次地指出，你，核心的你，如果你保持你的美德，就不会受到伤害。"

"所以换句话说，他是在向你展示一个创造积极的自我形象之路。"

"是的，没错。我听到了这个声音，很响亮：如果我有美德和真实，于人于己，我都会为自己感到骄傲。"

"当你这样做的时候，在我脑海中你是什么形象，对你来说就不那么重要了。我最喜欢的一位精神病学家卡伦·霍尼（Karen Horney）写道：如果你想感觉到美德，你必须做美德的事情。这是一个简单而古老的概念，在马可·奥勒留，以及亚里士多德之前就有了。"

"对。不要再自欺，在你这里或其他地方。"

"我们现在就开始吧。我们今天还有几分钟的时间。让我们利用它们来检查一下你今天对我的感觉。"

"几乎都是积极的。我知道你在与我共情，并为我尽了力。唯一让我感到略微恼火的时刻，是你追问马可·奥勒留的哪些话真正有帮助的时候。我觉得你在要求我歪曲我的经历，以满足你的好奇心或证实你的预感，或者也许是为了对我的治疗过程进行分类。"

"说得好，阿罗德。非常好的观点。这是一个很好的观察，也是我必须要做的工作。"

* * *

在我看下一个病人之前，我有足够的时间思考阿罗德和安德鲁，以及我所目睹的非凡的戏剧。再一次，我对人类思想的无尽复杂性感到谦卑；在我的领域中，我试图简化、编纂和生成"如何以某种预先设计的方式来治疗病人"的手册，我对此感到绝望。这里有两个病人，他们潜入了一个伟大灵魂的智慧之海，而且每个人都以不同的方式找到了益处，这种方式，是我和任何其他人都不可能事先预料到的。

我想知道，当我临近 82 岁生日时，这片大海会给我带来什么。我充满了生命力、激情和好奇心，但又为失去这么多我认识和爱过的人而悲伤，有时也为我失去的青春而哀伤，并为我所厌恶的支撑架，顽固的、吱吱作响的关节，逐渐消失的听力和视力而分心，并不断意识到，黄昏已深，最终的黑暗在无情临近。我打开《沉思录》，浏览了几页，发现了为我准备的信息。

　　那么，通过这一小段与自然和谐相处的时间，在满足中结束你的旅程吧，就像橄榄成熟后脱落一样，祝福孕育它的自然，并感谢生养它的树。

致 读 者

　　为了遵循保密原则，我对每个病人的身份进行了严格的掩饰，并在少数情况下，将其他病人的部分历史或虚构的场景引入故事中。我给每个活着的病人，看了他的故事的最后草稿，并获得了批准和书面许可，以便出版。尽管保罗（曲线治愈）和阿斯特丽德（给孩子们做个榜样）早就去世了，我还是把他们的故事和身份改得与真实情况相去甚远；我相信他们会很高兴自己的经历被用来教育别人。艾丽（你自己得个绝症试试）在我写她的故事时去世了，但她同意我对这个项目的描述，很高兴我使用她的文字，只是坚持要求我使用她的真名。

致　谢

　　我的儿子本·亚隆（Ben Yalom）是本书的主要编辑，他以优雅的方式化解了编辑他父亲作品的险境，并在这项工作的各个阶段提供了巨大的帮助。而我的妻子玛丽莲（Marilyn），作为我最严厉的批评者，从头到尾都提供了帮助。我的文学经纪人桑迪·迪克斯特拉（Sandy Dijkstra），一如既往是我的珍宝。我也衷心感谢我的许多朋友和同事，他们阅读了本书的一个或几个故事，并提供了有用的建议：Svetlana Shtukareva, David Spiegel, Robert Berger, Herb Kotz, Ruthellen Josselson, Hans Steiner, Randy Weingarten，以及 Pegasus 写作小组的所有成员。

后　记

　　我或任何其他治疗师，所能做的最重要的事，是提供一种真实的治疗关系，病人可以从中获得他们所需。如果我们认为某些特定的行动，无论是解释、建议、标签还是确认、鼓励，才是治疗的因素，那实在是自欺欺人。

　　一次又一次地，这些故事中的病人，以我难以预料的方式获益。一位病人把我当作证人，见证一位重要人物认为他重要的事实。一位病人通过与治疗师毫无保留的真实接触，修补了与现实的割裂感。另一个人认识到，真正的生活是活在当下。一个病人因我把他介绍给一个"家庭整理者"，生活得以改变。一位护士被介绍给"更好的自己"。一个沉默寡言的作家，找到了她的声音。一位濒临死亡的病人，在为她的朋友和家人充当死亡先驱时，最后的日子被赋予了意义。一个同时也是治疗师的病人，重新认识到诊断可能损害和扭曲理解。一个病人通过效仿古代思想家，找到了自我。在每一个例子中，我都为每个病人设计了，或者说有时偶遇了一种独特的方法，而这种方法是在任何治疗手册中都找不到的。

因为我们可能永远不知道，我们是如何提供帮助的，我们治疗师在陪伴病人进行自我探索的过程中，必须学会舒适地与神秘共处。

我为那些对人类心理和个人成长有浓厚兴趣的人而写；为众多认同这些故事中所描述的永恒的生存危机的读者而写；为那些考虑进入治疗或已经在治疗领域中的个人而写。我希望这些关于"愈合"的故事，能鼓舞那些与"自己"这个恶魔做斗争的人。

我也非常希望，治疗新手能在本书中找到价值。它的十个故事旨在成为教学的载体，提供当代心理治疗教学中普遍缺乏的生动课程。如今的大多数培训项目（通常是在认证委员会或保险公司的压力下）只提供简短的、"实证支持的"疗法的指导，这些疗法由高度具体的技巧组成，用于处理各不相同、互不关联的诊断类别，如抑郁症、进食障碍、惊恐发作、双相情感障碍、成瘾或特定的恐惧症。我担心目前的培训重点最终会导致忽视个体本身，我对这十位病人使用的人本主义、整体性方法可能很快就会消失。尽管有效心理治疗的研究不断表明，决定治疗结果的最重要因素是治疗关系，但这种关系的本质、创造和演变，却很少成为研究生课程的培训重点。

在这些故事中，我希望表达出对此时此地的关注，并能有效应用。我一次又一次地呼吁关注与病人的关系：我采取"过程检查"；我反复询问我们在当前疗程中的接触状态；我问病人是否有问题要问我；我在梦中寻找对我们关系的评论。简而言之，我从来没有忽视发展咨访之间诚实、透明和有联结的关系，并一直将其放在首位。

我也希望这些故事，能提高治疗师对存在主义议题的认识。在这十个故事中，我把病人看作因患不符合传统分类的疾病而饱受折磨的人。一个年轻人试图通过性的活力，来抵御死亡的恐惧；一个年迈的老人与年龄局限抗争，渴望抓住年轻的、自发自主性及其无限的视野感；一个垂死的病人在寻找意义；一个护士为他人服务但不能安慰自己；一个人渴望更好的过去；还有一个人试图通过在我的记忆中，插上他的旗帜，来补偿他缺失的自我意识。

需要处理"存在"问题的病人，比大众想象的要多得多。这些故事中，病人处理的是对死亡的焦虑，对失去亲人和最终失去自己的焦虑，对如何过上有意义的生活的焦虑，对应对衰老和可能性减少的焦虑，对选择的焦虑，对基本的孤独感的焦虑。为了提供帮助，治疗师需要对"存在"议题有敏锐的感受力，并且必须对何为真正的问题，以及必须做什么，形成一种表述，这种表述与其他流派的临床医生所采用的表述完全不同。